「道徳教育」の ベクトル を変える

その理論と指導法

渡辺雅之

高文研

まえがき

日本の戦後教育において、一部の勢力から道徳教育の必要性が叫ばれ続けてきた。一九五八年には「道徳の時間」が設置され、それから半世紀以上の時を経て、ついに「特別の教科　道徳」二〇一八年（小学校）、二〇一九年（中学校）の全面実施が決定した。

これは、第一次安倍政権における教育基本法の「改正」とリンクし、第二次安倍政権の「教育再生実行会議」と密接な関係にある。「道徳教育、大いに結構」と考える向きもあるが、不思議なことに、道徳教育の必要性を説く者ほど、道徳教育が必要ではないかと思わせるような事態が頻出している。例えば、二〇一七年一月には、文部科学省（以下、文科省と表記）の事務次官が天下り不正斡旋問題で辞任し、関係者も退職や処分などを余儀なくされた。同省では不正を隠すため、虚偽の想定問答集まで作成していたことが明らかになった。遡れば二〇一五年には当時文科大臣であった下村博文氏が支部長を務める自民党支部が進学塾や予備校などの教育関連企業から、七年間で一三〇〇万円近い献金を受け取っていたと報じられた。二〇一七年には、大阪の森友学園が経営する幼稚園で「愛国教育」という名で教育勅語が奉じられ、運動会では、園児による驚くべき選手宣誓がなされていた。[*1] そして、熱心に園児たちに「日本人としての自覚や道徳」を説く一方で、国有地不正払い下げ疑惑等、政治家、官僚を巻き込んで社会問題化していることは記憶に新しい。

私たちはこうした事態をどう考えれば良いのだろう。これが本書を書くにあたっての基本的な問いである。

しかし考えてみれば、これは不思議なことでもなんでもないのかもしれない。戦前、「国（天皇）のために命を捨てよ」と力説した多くの軍人たちの「道徳」は敗戦と同時に翻り、かの戦争に若者を駆り立てた責任をとろうとした者はほとんどいなかった。彼らこそ、戦前道徳の信奉者であった。「道徳」を他者に説き、強制する者ほど、不道徳な振る舞いを行ってきたのである。これは、道徳とは何かという根本的な問いを自らに発することなく、他者へ支配の道具、そして国家・社会への帰属装置として道徳が利用され続けてきた帰結であろう。そしてその流れは、内省を得ることなく再び、繰り返され、むしろ形を変えて強化されようとしている。果たして「道徳性のベクトル」は誰に（何に）どのように向けられるべきなのだろうか。

本書は、「特別の教科　道徳」（以降は道徳科と称する）がどのような背景で生まれ、そこにどんな問題点があるのかを明らかにする。

そして、学習指導要領の第二章「各教科」欄にないものをいわゆる教科として認知してよいのだろうか、そうした問いを含みながら、〝道徳教育とは何か〟〝道徳性を育む教育活動〟〝道徳科の時間を再構築する実践の視点〟を提示したいと思う。学校現場で、子どもと向き合いながら日々、悩み格闘している先生方が、本書によって小さな希望や実践のヒントを得られたらこれ以上の喜びはない。

＊1　「大人の人たちは、日本が他の国に負けぬよう、尖閣列島・竹島・北方領土を守り、日本を悪者として扱っている、中国、韓国が、心改め、歴史で嘘を教えないよう、お願い致します。安倍首相、ガンバレ！　安倍首相、ガンバレ！　安保法制国会通過よかったです！　僕たち、私たちも、今日一日、パワーを全開します。日本ガンバレ！　えいえいおー！」https://www.youtube.com/watch?v=U5t_JJGyMdo（二〇一七年八月一四日閲覧）

はじめに―問題の所在

教育改革の最重点項目として第二次安倍政権は、教育再生実行会議「第一次提言（二〇一三年二月）」の中で道徳の教科化を目標として掲げ、「特別の教科　道徳」の設置が決定された。「今後の道徳教育の改善・充実方策について（報告）～新しい時代を、人としてより良く生きる力を育てるために～」には以下のように記述されている。

教育改革を内閣の最重要課題の一つと位置付ける第二次安倍内閣に設置された教育再生実行会議は、平成二五年二月の第一次提言において、いじめ問題等への対応をまとめた。

その中で、いじめの問題が深刻な状況にある今こそ、制度の改革だけでなく、本質的な問題解決に向かって歩み出すことが必要であり、心と体の調和の取れた人間の育成の観点から、道徳教育の重要性を改めて認識し、その抜本的な充実を図るとともに、新たな枠組みによって教科化することが提言された。

（「道徳教育の充実に関する懇談会」二〇一三年一二月二六日）

これは戦後教育の有り様を根本的に組みかえる「改革」であると同時に、数多くの教育的問題を含んでいる。多くの識者による、天皇制国家の維持を目的とした戦前の修身の復活であるという批判を始めとして、教科化の契機となった「大津いじめ事件」（二〇一一年一〇月）のような問題に対して道徳の教科への格上げは有効なのか、現在まで学校での道徳教育は機能していなかったのか。そもそも道徳とは何か、道徳性の教育とは何なのか。これ以外にも、考察すべき問題は多岐に渡っているが、いずれにしても今回の教科化に関しては、教育学的な知見からの検討、関連する学際的蓄積、そして何より社会的なエビデンス（科学的根拠）[*1]に基づく議論が十分に行われているとは言いがたい。議論はむしろポピュリズムによる情緒的なものに誘導されている。[*2]

これら一連の動きは安倍政権下の教育再生実行会議がリードしてきた。「再生」とは、一般的また医療的には対象になるものが死んでいるという前提で使われる言葉である。果たして誰が死んだと判断しているのだろうか。長棟はなみ（二〇一五年当時・SEALDs＝自由と民主主義のための学生緊急行動）は、安保法制に反対する国会前抗議のスピーチにおいて、戦後史をふまえて現状の政治を批判し、あの戦争を繰り返してはならないという主張の中で「私の受けた教育は間違っていなかった」とスピーチした。[*3]これは自身の受けてきた戦後民主教育を実感として肯定したものである。

様々な課題を抱えつつも決して教育は未だ死んでいない。彼らがここで言う再生の内実は、戦前教育（なるもの）への復古と回帰である。それは道徳の教科化の動きの中に顕著に表れ、その目的を具現化するのが「特別の教科」として格上げされる道徳科である。

ちなみに、二〇一六年から実施された一八歳選挙制度は、被選挙権の拡大によるシステムとしての民主主義の前進という意味を持つ。しかし、高校生の政治活動には、大きな制限が課せられ、道徳科とゼロトレランス―生徒指導に基づく「体制順応」の国民の育成という流れに位置づけられている。[*4]

しかし、どのような問題や批判があったとしても、小中学校の現場教師は否応なく「道徳科」[*5]に取り組まなければならない状況におかれている。また「一部には『道徳教育は機能していない』、期待される姿には遠い状況にある」（同・懇談会）という指摘を無視することは妥当ではない。今までの道徳教育のあり方を再検討しなければならないことも事実である。同時に、多くの保護者は我が子に「人に優しく、思いやりのあある人間になってほしい」と願っている事実にも目を向ける必要がある。

政府が検討している「道徳」の教科化については、「賛成」が八四％に達した。

賛成の理由は「他人を思いやる心が育つ」が五二％で最も多かった。

（読売新聞社「『教育』に関する全国世論調査」二〇一三年三月三〇 - 三一日）

仮に情緒的であったとしても、こうした（根源的な）道徳心を育てたいという保護者の心情を無視してはならない。よって道徳の教科化をストレートに批判すれば、「道徳教育に反対なのか」という世論の逆批判にさらされることになりかねない。

また、道徳性が人間らしい社会の成立基盤の倫理観かつ社会哲学の一つであると捉えるならば、学校における道徳教育を軽視することは出来ないのも自明のことである。いじめ問題の解決にむけても、学校における道徳教育の内実を獲得することは喫緊の課題なのである。

道徳性はあらゆる人間の活動の基盤であり、道徳性がなければ、人間のあいだの紐帯が喪失し、経済、科学、文化芸術などのあらゆる活動は停止する。よって「道徳性を開発・維持するための教育は、学校教育において何よりも優先すべき」である。[*6]

（河野哲也〈二〇一一〉『道徳を問い直す―リベラリズムと教育のゆくえ』ちくま書房、p.10-11）

結論を言えば、教育の条理に立ち、それを問い合う営みの中で論じられる道徳教育には大きな意味がある。しかし、現実はそうではない。「道徳科」設置の背景と提起されている道徳教育の内容、方法論にそもそも重大な教育的問題が生じている。

とりわけ今回の教科化の背景には、グローバリゼーションに対応した新自由主義経済政策から生み出されている自己責任論に基づく隷属的な国民像が見え隠れしている。それは、新自由主義政策の進行に伴う社会的格差の拡大、子どもの貧困の問題と深く結びついている。国内の政治的な状況は、特定秘密保護法、安保関連法制（集団的自衛権の容認）、組織的な犯罪の処罰及び犯罪収益の規制等に関する法律等の一部を改正する法律（共謀罪）などのトピックを「（改憲を前提とする）戦後レジームからの脱却[*7]」という文脈で見るとその問題性が際立つ。

この憲法、そして、教育基本法といった、この時に出来上がった戦後の仕組みをもう一度、根本から見直しをしていって、二十一世紀にふさわしい日本をわたしたちの手で作っていこうというのが「戦後レジームからの脱却」でございます。

（平成二一年建国記念の日奉祝中央式典　二〇〇九年二月一一日
明治神宮会館・記念講演「美しい国へ―戦後レジームからの脱却―」安倍晋三）

これら政治的につくり出された課題は、次の世代である子ども、若者の生き方に直接関連することであり、そのため二〇一三年頃から若い世代を含め、広範な層からの市民的関心が寄せられ、大規模な抗議活動なども展開されてきた。[*8] この動きは一見すると学校における教育実践とは関わりがないように見えるが、こうした活動に参加する若い世代[*9]からの聞き取りや対話を試みると、市民性を育む道徳性の教育実践と密接に繋がっていることが分かる。[*10]

本書は、新自由主義と自己責任論の問題点をふまえ、道徳の教科化推進の背景を明らかにする。そして「心のノート」「私たちの道徳」「学習指導要領」など文科省が提起してきた資料と「検定教科書（小学校）」を実践的観点から批判的に読み拓くことを通して、「道徳科」が持つ問題点を整理することを目的とする。

その上で、教育的文脈に基づいた道徳教育とは何か、現場で道徳科を実践するためにどのような観点、手立て、発想が必要なのかを具体的に提示したい。それは道徳教育のベクトルを変えることであり、教育の反動化に抗することであり、現場で生きる教師と子どもの視点に立ち、未来に拓かれた教育実践をどう行えばいいかという実践的課題でもある。

＊1　「エビデンス」は、根拠や科学的実証と訳される言葉である。近年、教育の世界でも、政策と研究の接する領域で、この「エビデンス」という言葉を多く耳にするようになった。その大きな理由は、教育への社会的投資に対する一般の人々への説明責任が生じていること、あるいは財政危機に直面する多くの先進諸国が競争的に財源を確保するため、資金を投入することを支持する根拠が求められていることがある（ＯＥＣＤ教育研究革新センタ

ー、二〇〇八：一九）。同時に、ウェブなどを介して情報が一般的に流通する現代社会では、政策立案者のみならず、誰しもが何かを選択する際、信頼できる判断材料として、統計や実験など根拠あるデータを志向するようになる。このように、「エビデンス」という言葉は、科学的なデータに基づき、誰もが納得でき、かつ自ら判断が行える、透明化された情報を求める社会的な動きを象徴するものと言えよう（岩崎、二〇一一）。

＊2　「政治に関して理性的に判断する知的な市民よりも、情緒や感情によって態度を決める大衆を重視し、その支持を求める手法あるいはそうした大衆の基盤に立つ運動をポピュリズムと呼ぶ。ポピュリズムは諸刃の剣である。庶民の素朴な常識によってエリートの腐敗や特権を是正するという方向に向かうとき、ポピュリズムは改革のエネルギーとなることもある。しかし、大衆の欲求不満や不安をあおってリーダーへの支持の源泉とするという手法が乱用されれば、民主政治は衆愚政治に堕し、庶民のエネルギーは自由の破壊、集団的熱狂に向かいうる。例えば、共産主義への恐怖を背景にした一九五〇年代前半の米国におけるマッカーシズムなどがその代表例である。民主政治は常にポピュリズムに堕する危険性を持つ」（『知恵蔵二〇一五』朝日新聞社）。

＊3　【「二度と繰り返してはならない。このために私は行動するのだ」――戦争体験者から受け継いだ「命」と「意思」～終戦の日前夜、国会前スピーチ　二〇一五年八月一四日】
https://www.youtube.com/watch?v=5pBnqBX1HK8（二〇一六年五月一九日閲覧）

＊4　もちろん一八歳選挙権は否定的な側面だけで論じるべきではないが、文科省が出した「デモ参加は届け出制への見解」は注意が必要である。これは、高校生の政治活動、社会参加を制限する、言わば「体制順応」の動きと連動としている。
「高校生のデモ参加などの政治活動をめぐり、文部科学省は二九日、休日や放課後に校外での政治活動に参加する場合、事前に学校に届け出させることを認める見解を示した。今後、届け出制を導入する学校が出てくる可能性がある（二〇一六年一月三〇日、朝日新聞掲載）。

＊5　高等学校においては、新科目として予定されている「公共」がこれに関連する。

＊6　ただし河野の主張は、道徳性とは果たして何かを問うた上でのものであることに注意しなければならない。

＊7　安倍晋三・内閣総理大臣施政方針演説、二〇〇七年一月をはじめとしてその後、度々登場するキーフレーズ。

＊8　二〇一五年八月三〇日の国会前抗議行動参加者は霞が関などの周辺地域を含めてのべ約三五万人（主催者発表）と報道された（二〇一六年九月一日　毎日新聞など掲載）。

＊9　SEALDs, T-nsSOWL（Teens Stand up to Oppose War Low），エキタス -AEQUITAS（ラテン語で「正義」や「公正」の意味）など。

＊10　例えば筆者がコーディネートした以下の集会、イベントにおける高校生グループ T-nsSOWL アキ、タク、ジュン（いずれも仮名）らは、学校で受けた教育（授業）が今の自分の社会活動参加の契機の一つになっていると証言した。
のりこえねっとＴＶ　＃１００「ナベセンの『道徳』の時間だよっ！　とりま、差別ってなんだ?!」T-ns SOWL ×渡辺雅之　第一回二〇一五年九月二二日　第二回一一月三日放映　http://www.norikoenet.org
民主教育研究所全国交流研究集会第四分科会　道徳の「特別の教科」化と教科書問題・「学校の道徳教育への意見／一八歳選挙権と今後の社会運動」二〇一五年一二月二七日開催。

目次

1

第１章

道徳科設置の背景

(1) 歴史的経緯

道徳科は極めて政治的な流れの中で推進されてきた。戦後民主主義教育の黎明期には道徳教育は主に社会科を中心として公民的資質を養うものとして位置づけられる（昭和二八〈一九五三〉年八月教育課程審議会答申）。同時に、戦前型「修身」教育の復活を願う声は保守層の中に根強く存在してきた。一九五〇年の朝鮮戦争を契機として「逆コース」と呼ばれる政治的潮流の中で民主主義教育への逆流が始まる。そうした中で、一九五八年の「道徳の時間」が、数多くの教育関係者の反対を押し切る形で設置される（以下、「特設道徳」と記す）。しかし、多くの教師はその〝うさんくささ〟を嗅ぎ分け、むしろ特設ではない、学校全体の教育活動と子どもたちのリアルな生活実態の中でこそ子どもの道徳性が育まれることを実践の中で証明してきた。とくに、全国生活指導研究協議会（以下、全生研と記す）はいち早くこの問題を取り上げる中で結成され、戦後民主主義教育の内実を実践的に追求している。

わたしたちは、生活指導の原理の確立によって、国民・市民のための道徳教育の正しいありかたを明らかにし、国家主義的、反動的ないしは観念的な道徳教育の打破と克服に努めます（全生研・指標四）。

民間教育研究団体の多くはこうした流れに呼応し、各教科や領域の中で積極的な実践を提起してきた。しかし、その反面「学校で道徳教育が行われていない（軽んじられている）」という批判は常に、保守反動勢力の中で繰り返される。そうした中で、第一次安倍政権下における教育基本法「改正」（二〇〇六年）で、教育の目標に愛国心条項が盛り込まれ、「道徳心を培う」ことが明記され、教育の国家統制が本格化した。

伝統と文化を尊重し、それらをはぐくんできた我が国と郷土を愛するとともに、他国を尊重し、国際社会の平和と発展に寄与する態度を養うこと（改正教育基本法第二条五）。

改正教育基本法以降は、以下のような言説が政権与党側から繰り返された。

「はじめに（抜粋）」
我が国は、一九世紀半ば以降、驚異的な速さで近代化を実現し、飛躍的な発展を遂げました。教育の成功が、その大きな原動力となったことは言うまでもありません。
一方、先の安倍内閣において改正された教育基本法の理念が十分に実現しておらず、国の未来を担う子どもたちの中で陰湿ないじめが相次ぎ、世界に伍していくべき学力の低下などが危惧される中、教育の再生は我が国の最重要課題となっています（首相官邸ホームページ「政策会議」）。[*1]

そして、教育改革の最重点項目として第二次安倍政権は、教育再生実行会議「いじめの問題等への対応について（第一次提言）二〇一三年二月二六日」の中で道徳の教科化を目標として掲げ、ついに二〇一八年から小学校での実施が決定された。下村文科大臣（当時）は「六年前にも教科化は提言されたが残念ながら頓挫した。今回は必ず教科化に資する議論をしてもらいたい」と強調し、六年前のリベンジだということを公言している。[*2] 道徳科が政権与党の意向を反映した政治的流れの中に位置づけられていることは、疑いもない事実である。教育学者の佐藤学（二〇一四）は、こうした一連の流れを「教育改革という名前なのだけれど、要するに教育の改革ではなく、教育の政治利用なんです。真っ当な議論をするのがバカバカしいくらい、教育ではないのです」と述べている。今回の道徳科の設置は戦後民主主義教育を否定する文脈の中で進行し、国家主義的道徳に国民を導くための集大成とも言えるものである。

(2) 文科省の主張

文科省は、平成二七（二〇一五）年三月小・中学校学習指導要領の一部改訂等（小学校は平成三〇年度、中学校は平成三一年度より全面実施）の中で、道徳の時間を「特別の教科 道徳」として位置付け、多様で効果的な道徳教育の指導方法へと改善、検定教科書を導入、一人一人のよさを伸ばし、成長を促すための評価を充実させるという方針を明確にする。

> 一人一人が、道徳的価値の自覚のもと、自ら感じ、考え、他者と対話し協働しながら、よりよい方向を目指す資質・能力を備えることが重要。こうした資質・能力の育成に向け、道徳教育は大きな役割を果たす

そして、道徳科設置の理由について以下のように述べている（以下、平成二八〈二〇一六〉年五月二七日教育課程部会考える道徳への転換に向けたワーキンググループ資料四より[*3]）。

【年間三五時間単位時間が確実に確保されるという質的確保】
・歴史的経緯に影響され、いまだに道徳教育そのものを忌避しがちな風潮がある。
・他教科等に比べて軽んじられ、他の教科等に振り替えられていることもあるのではないか。
【子供たちが道徳的価値を理解し、これまで以上に深く考えてその自覚を深めるという質的転換】
・教員をはじめとする教育関係者にもその理念が十分に理解されておらず、効果的な指導方法も共有されていない。
・地域間、学校間、教師間の差が大きく、道徳教育に関する理解や道徳の時間の指導方法にばらつきが大きい。
・授業方法が、読み物の登場人物の心情を理解させるだけなどの型にはまったものになりがちである。
・学年が上がるにつれて、道徳の時間に関する児童生徒の受け止めがよくない状況にある。

具体的なポイントとしては、以下の四つを示している。
✔道徳科に検定教科書を導入
✔内容について、いじめの問題への対応の充実や発達の段階をより一層踏まえた体系的なものに改善
「個性の伸長」「相互理解、寛容」「公正、公平、社会正義」「国際理解、国際親善」「よりよく生きる喜び」の内容項目を小学校に追加
✔問題解決的な学習や体験的な学習などを取り入れ、指導方法を工夫
✔数値評価ではなく、児童生徒の道徳性に係る成長の様子を把握

前記ポイントの要は以下の記述である。

「答えが一つではない課題に子供たちが道徳的に向き合い、考え、議論する」道徳教育への転換により児童生徒の道徳性を育む。

さらにこれを補足する形で具体的な指摘をしている。

○単に「読み物」を読ませたり、テレビを見たりするだけの授業があるなど指導に教師や学校間の格差はないか。

○読み物の登場人物の心情理解にのみ偏り、こんな価値観を読み取るべきだと一方的、形式的な指導が中心になっていないか。

・「自分ならどうするか」という観点から道徳的価値と向き合うとともに、自分とは異なる意見をもつ他者と議論することを通して、道徳的価値を多面的・多角的に考える。

・他者との合意形成や具体的な解決策を得ること自体が目的ではなく、多面的・多角的な思考を通じて、道徳的価値の理解を自分自身との関わりの中で深める。

ところが、二〇一七年に検定を通過した教科書を概観するとこうした観点とは真逆と思える教材や資料

民間の副教材掲載で過半数の社が取り上げた作品の例	
作品名	掲載社数
かぼちゃのつる	8
ぐみの木と小鳥	6
手品師	8
青の洞門	6
一ふみ十年	5
絵はがきと切手（大きな絵はがき）	7
きつねとぶどう	5
きんのおの（きんのおの ぎんのおの）	8
すれちがい	5
友のしょうぞう画	6
ななつのほし（ひしゃくぼし）	8
二わのことり	7
目ざまし時計	6
ロレンゾの友達	5

文科省副教材『私（わたし）たちの道徳』掲載で、過半数の社が掲載した作品の例	
作品名	掲載社数
はしの　上の　おおかみ	8
およげない　りすさん	5
ハムスターの赤ちゃん	6
黄色い　ベンチ	7
金色の魚	5
よわむし太郎	5
幸福の王子	6
命　宮越由貴奈	6
ヒキガエルとロバ	6
花さき山	8
雨のバス停留所で	8
ブラッドレーのせい求書	8
うばわれた自由	7
ブランコ乗りとピエロ	7

図1　小佐野正樹「東京民研理科部会資料」（2017.5.17）を元に筆者作成

が多く掲げられ羅列されている。六六冊に対して付けられた検定意見数は、合計で二四四、一冊あたりの平均は三・七。道徳教科書初めての検定としては異例の少なさで、発行側が自主規制したことが伺える。その端的な例として、『私たちの道徳』や『小学校道徳読み物資料集』（何れも文科省作）に掲載された〝定番〟の作品がどの教科書にも多用されている（小佐野、二〇一七）[*4]。図1

文科省が掲げた「答えがひとつではない」「考え議論する」という文脈はほとんどなく、「こんな価値観を読み取るべきだと一方的、形式的な指導が中心」になっているのである。むしろ、国旗・国歌の扱いが異常に大きく、君が代の歌詞は「日本の平和が長く続くようにとの願い」という記述、「下町ボブスレー」では安倍首相の写真が堂々と掲載されている教科書『はばたこう明日へ』（教育出版）やそれに近い内容が散見される。[＊5] これらについては、第二章以降で詳しく分析していくことにするが、なぜこのような矛盾が生起しているのだろうか。

⑶ 道徳科の表の顔

前述したように道徳科設置の主たる理由とされたのは「いじめ問題」の深刻化であり、青少年の問題行動の多発や、子どもをとりまく地域や家庭の変化（家庭の教育力、社会的モラルの低下）である。その他には諸外国に比べて低い高校生の自己肯定感や社会参画への意識の低さ、グローバル化の進展（様々な文化や価値観を背景とする人々と相互に尊重しあいながら生きること）情報通信技術など、科学技術の進歩（コミュニケーションや対人関係の変化、技術革新による新たな倫理的問題）かつてないスピードでの少子高齢化の進行（家庭や地域の変化、誰も経験したことのない状況下での社会の持続、発展）などである。[＊6]

そして小・中学校学習指導要領改訂の背景として、与えられた正解のない社会状況に対して、「一人一人が、道徳的価値の自覚のもと、自ら感じ、考え、他者と対話し協働しながら、よりよい方向を目指す資質・能力を備えることが重要であり、こうした資質・能力の育成に向け、道徳教育は大きな役割を果たす必要」と記されている（考える道徳への転換に向けたワーキンググループ資料四　小・中学校学習指導要領改訂の背景⑤）。

しかし、道徳を教科として格上げすればいじめ問題は解決に向かうのだろうか。道徳科設置の直接的契機となった「大津いじめ事件」（二〇一一年）滋賀県皇子山中学校は、文科省指定の「道徳教育実践研究事業推進校（二〇〇九年・二〇一〇年度）」であった。研究テーマは「みずから光り輝く生徒を求めて～心に響く道徳教育の実践～」である。同校のホームページによると二〇一〇年七月五日「道徳ライブIN皇子山（講師大野靖之氏）」、同年一一月九日には全校道徳公開授業と道徳講演会も行われている。ところが、いじめ事件は二〇一一年一〇月一一日、そうした取り組みの後である。平成二三（二〇一一）年度大津市立皇子山中学校の学校評価表においては、道徳性の伸長について高い評価が掲載されている。[*7] 外向けの報告書を額面通りに受け取ることはできず、同時にこの事件の真相や根本原因をここで論じることはできないが、少なくとも文科省の肝いりで学校を挙げて行われた道徳の指定研究がこの事件を防ぐ有効な力になりえなかったということは言えるだろう。

また、青少年の問題行動の多発という提起も科学的エビデンス（根拠・証拠）を持たないポピュリズムによるミスリードである。[*8] 教育再生実行会議の提言では「今日多発化する青少年の問題行動の根幹に道徳性の低下がある」と論じている。しかし、法務省のホームページ「第三編　少年非行の動向と非行少年の処遇」[*9] には以下のように記されている。

少年による刑法犯の検挙人員の推移には、昭和二六年の一六万六，四三三人をピークとする第一の波、三九年の二三万八，八三〇人をピークとする第二の波、五八年の三一万七，四三八人をピークとする第三の波という三つの大きな波が見られる。五九年以降は、平成七年まで減少傾向にあり、その後、若干の増減を経て、一六年から毎年減少し続けており、二五年は九万四一三人（前年比一〇．六％減）となり、昭和二一年以降初めて一〇万人を下回った。人口比についても、平成一六年から毎年低下し、二五年は、

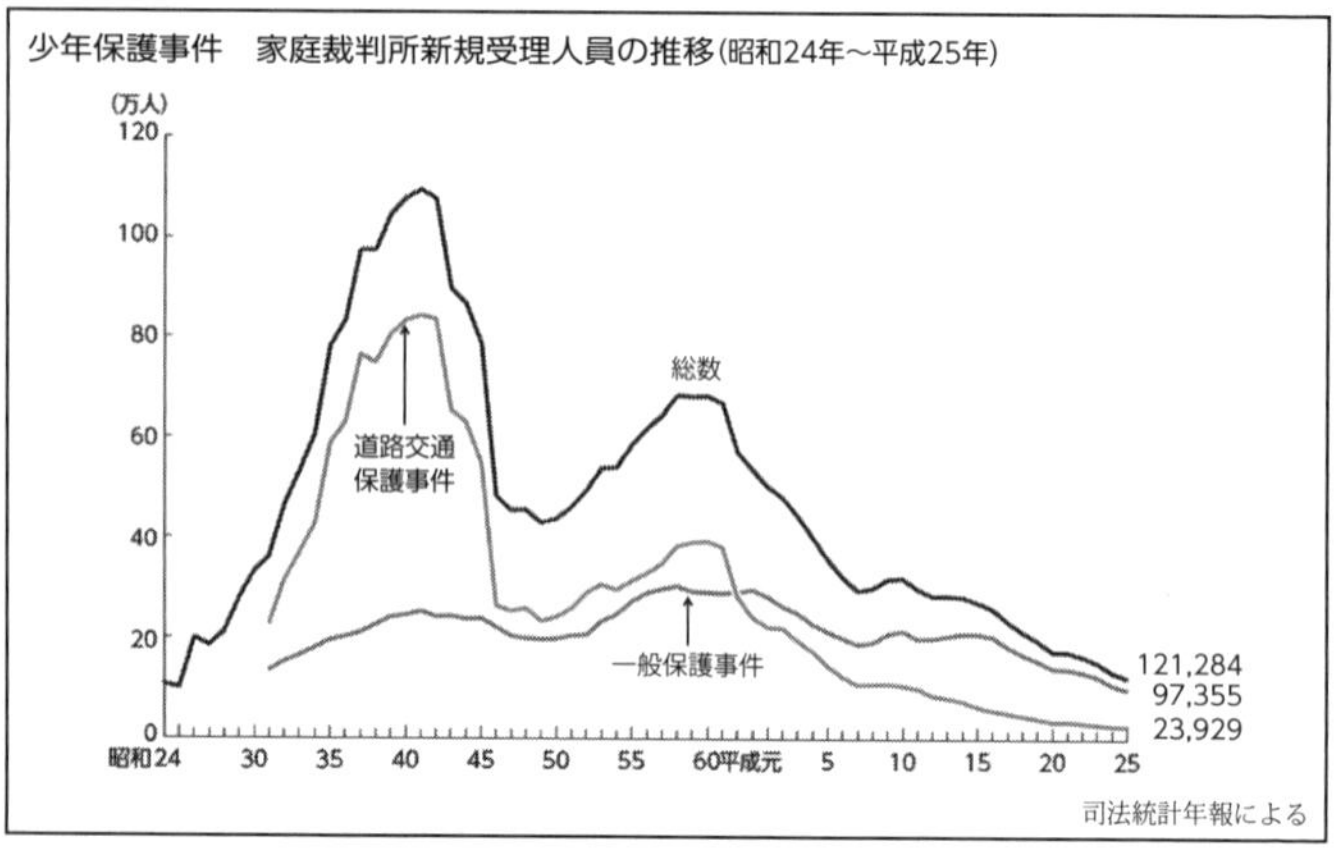

図２「少年保護事件　家庭裁判所新規受理人数の推移」では、その傾向がはっきりと見て取れる。

七六三．八（前年比八四．五pt低下）となり、最も人口比の高かった昭和五六年（一，七二一．七）の半分以下になっている。少年の人口比は、昭和三三年以降成人の人口比より高かったが、平成二五年は成人の人口比の方が高くなった（傍線筆者）。

また「少年犯罪データベース」（管賀江留郎）の少年犯罪統計データ[*10]掲載の各種統計からも同じ結果が導かれる。そもそも、凶悪犯罪は減少傾向にあり、少年非行もそれと連動している。[*11]図２「少年保護事件　家庭裁判所新規受理人数の推移」では、その傾向がはっきりと見て取れる。

提言が言うように、仮に「問題行動の根幹に道徳性の低下がある」としても、その道徳性を低下させている要因についての根本的言及は見られない。むしろ、社会全体で起きているモラルハザードとも言うべき事態を問わなければならないにも関わらず、道徳性の低下の原因が子どもの内面そのもの、または道徳教育が不十分だからと言わんばかりの論の立て方である。わずかに、子どもをとりまく地域や家庭の変化（家庭の教育力、社会的モラルの低下）については触れているものの、相変わらずそのベクトルは〝道徳性の低下は「各家庭」や「個」の問題〟というものである。

グローバル化の進展、情報通信技術など、科学技術の進歩、かつてないスピードでの少子高齢化の進行などについては、（個々に検討は必要ではあるにしても）一定の社会的根拠に基いている。しかし「道徳科」の設置がその対応に必須であるという議論は首をかしげざるを得ないものである。とくにその前提となる「与えられた正解のない社会状況」（考える道徳への転換に向けたワーキンググループ資料四　小・中学校学習指導要領改訂の背景⑤）というとらえ方は、人間社会の進歩と発展を無視した極めてペシミスティックなものだ。正解はすでに出ている。それは、**異なる価値観を持つ人びとが対立を越え、共同して生きることが出来る共生的な社会であり、持続可能な社会である。それらは人権尊重と平和構築を基盤にしたものであり、政治的には民主主義を基調としたものである**ことは論を待たない。

また、「諸外国に比べて低い高校生の自己肯定感や社会参画への意識の低さ」などは何を要因としているのかについての言及もない。それらの解消のためにこそ道徳科の設置が必要であるというのは、粗雑で乱暴な議論にすぎない。

見てきたように、すでに道徳科設置の根拠と理由は破綻している。しかし、下村発言に見られるように、政権の意向を受けて〝何が何でも教科化〟するという目的のために道徳科は設置された。ちなみに、道徳科は六章で構成されている学習指導要領上（小学校）では次のような位置づけとなっている。

第1章　総則

第2章　各教科（国語・社会・算数・理科・生活・音楽・図画工作・家庭体育）
第3章　特別の教科　道徳
第4章　外国語活動
第5章　総合的な学習の時間
第6章　特別活動

なぜ2章ではなく新たな章を設けて「特別の教科　道徳」とされたのだろうか。それについては、〝要としての役割〟や「本来の教科の概念を超えて成り立つものであることから、特別の教科（スーパー教科）となる。さらにいえば、道徳は教科とのかかわりだけではなく、特別活動や総合的な学習にかかわる。その意味でも特別の教科（スーパー教科）なのである」（押谷、二〇一五）とされる。しかし、どんな言辞を持っても「第2章　各教科」の中に格上げすることには無理があったのである。その理由の最大のものは、道徳科が各教科のベースとなっている学際的成果かつ科学的根拠を持たないこと、そのために教員免許が発効できないことにある。[*12] 本来、道徳教育の学際的根拠を構築するとすれば「哲学、倫理学」などの社会科学が基礎になるはずだが、文科省から提示された道徳教育はそうした建て付けにはなっていない。

　そもそも〝道徳とは何か〟という価値観が時代や社会状況によって変遷してきた経緯からも、教科に格上げすること自体に無理がある。この点に関して、タレントでもある北野武は著書の中で興味深い見解を述べている。ポピュリズムに流されず、自分の生活感覚から出た肉声である。

社会全体のモラルが低下したなんていわれている。俺が言っているのではなくて、文科省の学習指導要領にそう書いてある。社会全体のモラルが低下しているから、子どもがそれに影響されないように道徳教育をしっかりやらなきゃならないんだそうだ。

俺の個人的感想を言わせてもらえれば、社会のモラルはむしろ良くなったような気がする。道端にゴミやタバコの吸殻を捨てることも少なくなった。東京の川もずいぶん綺麗になった。

犯罪だって、昔に比べればかなり減っているんじゃないか。少年犯罪が凶悪化したなんていうけど、昔のほうがよっぽどたくさんの少年犯罪があった。交通事故も減ったし、殺人事件だってかなり減っている。

（北野武〈二〇一五〉『新しい道徳』幻冬舎、p.68-69）

戦後を代表する教育学者・城丸章夫は、「特設道徳」（一九五八年）の設置当時から国家による道徳に対して厳しい批判の目を向けてきた。昭和三〇（一九五五）年から政治家・官僚・地方有力者の一部から「戦後の子どもは悪くなった。これは道徳教育をやらないからだ」という主張があるが「こんな身勝手な主張はない」と断じている。それればかりか、厳しい戦後において、子どもたちの教育に全力を傾注してきた日本の大多数の教師大衆が、混乱の中において社会科の実践をくふうし、ホームルームの経営法を発展させ、生活指導の理論と実践を深めてきた。それは「道徳教育」を忘れることができないほどに生やさしいものではなく、道徳教育そのものだったと言う。

夜のさかり場を家出した子どもを探して尋ねまわり、その子をふたたびあたたかい学級のふんい気に包み込むための担任の努力は、容易なものではなかった。（略）このときに、いま、「愛国心」や「道徳教育」をとなえている人たちは何をしてきたか。陰に陽に私たちを圧迫し、どうしても圧迫しきれなくなると、『俺もはじめからそう思っていた』という顔つきをしたのである。こういう人たちが、よくもまあ、日本の教師大衆を被告席に据えて、「道徳教育」が不十分だとか、やって来なかったとかと言えるのであるか。その人たちこそ、道徳教育を忘れていたのである。

（城丸章夫著作集〈一九九三〉第一巻『現代日本教育論　第四章・道徳教育論』青木書店、p.189）

城丸と北野の論述の共通点は、国家が道徳を言い出す時、その言い出す理由にさしたる根拠を持っていないために、常に胡散臭いものになるということである。むしろ道徳性の低下を言うならば、森友学園国有地払い下げ事件や加計学園を巡る一連の疑惑に象徴されているように、大人社会に表れている現象こそが問題にされなければならない。「ヘイトスピーチ」「ブラック企業」「貧困格差の放置」などモラルハザードと呼ばれるこうした国家的問題が社会的正義の水準を切り下げているのは明白である。

繰り返すが、教科化推進の表向きの理由自体がすでに破綻している。にも関わらず、なぜ〝何が何でも教科化〟したかったのだろうか。そこにある裏の顔について検討していくことにしよう。

(4) 道徳科の裏の顔

一つ目は〝個人は国家のためにある―国家の従属物としての個人〟という道徳観の徹底である。道徳科では、モラル・マナー・規則遵守・権利よりも義務の履行などが繰り返し出てくる。また「改正」教育基本法以降、愛国心条項に基づいて「我が国の文化と伝統に関する内容の充実」が強調されている。道徳科は〝国民よりも国家を前に置く〟戦前「修身」の現代版でもある。

二つ目は〝安保法制を担う国民の育成〟である。平和安全法制（戦争法）を推し進め、日米同盟強化の名のもとに「安全保障」政策を強化している安倍政権下において露骨な形でそれは表れている。そこでは、国家（政策）に疑問を持たない従順な国民の育成がテーマとされる。

一つ目、二つ目ともに日本会議など保守反動勢力による右からの強い影響である。安倍政権を始めとして右派勢力の言う「戦後レジームからの脱却」は戦後日本の憲法や価値判断を否定するところに特徴がある。安倍政権下の歴代主要閣僚をみると、まるで日本会議内閣であると言っても過言ではない。日本会議は改憲による戦前回帰の社会体制を目的とした運動体であり、保守的立場に立つ政治家に強い影響力を持っている。小林・伊藤（二〇一三）は、『自民党憲法改正草案にダメ出し食らわす！』の中で自民党憲法改正案が戦前復帰型であり、近代民主主義を真っ向から否定したものだと警鐘を鳴らしているが、それと日本会議の主張、目的との親和性は極めて高い。安倍内閣をルーツとする「教育再生実行会議」メンバーとの親和的関係は必然的なものである。彼らの言う脱却とは戦前の社会体制を是認し、それを実質的に復権させることであり、願うのは戦前型道徳教育の復活である。

日本は、混迷する政治、荒廃する教育、欠落する危機管理など多くの問題を抱え、前途多難な時を迎えています。私達『日本会議』は、美しい日本を守り伝えるため、「誇りある国づくりを」を合言葉に、

提言し行動する（日本会議ＨＰ）[*13]

三つ目は、新自由主義政策が進行する中で、社会的格差が拡大し、生きづらさを感じている人びとの心象へのコミットである。新自由主義は、ルールなき資本主義体制を基盤とし優勝劣敗をその魂とする。〝成功も失敗もすべて個人の問題〟という自己責任論を生み出し、敗者は自己の能力と資質の問題として、現時点での生活の責任を個人的かつ全面的に負うことになる。そして、人々の生活、個の尊厳が大切にされる社会的基盤そのものを掘り崩す。道徳科は、**〝どんな社会の中においても、それに順応し個人の責任として生きていくこと〟を要請する**役割を果たすものである。

後述するが『私たちの道徳』や検定教科書は、そうした指向の教材が非常に多い。自己責任論は他者への不寛容さと攻撃性を生み出す。この傾向が強まれば社会全体が、共同や相互扶助の対極にある攻撃性が基調になってしまう。そこで調整弁として登場するのが「心の教育」という名で進行する道徳教育である。どういった境遇であってもそれに不満を述べることなく、地域、国家の一員としての自覚を持って調和的に生きることを要求される。それは社会の問題を個人の心の問題に還元してしまう心理主義的作用を有する「**支配としての自己責任論**」とも言うべきものだ。

そもそも、経済的貧困が日常化する中で、現在、就学している子どもたちにとっての未来は労働環境から言えば、決して明るいものではない。仮に貧困に陥ってもその原因は自分（または親）にあり、それを甘受すべきであるという社会的圧力が働く。これはある意味、相互扶助を基調とする公共性を根幹から破壊するのみならず、社会のセーフティネットや必要な行政的措置としてのケアを回避できる魔法の言葉（概念）であると同時に、国民・市民の中に分断を持ち込む。

国民や市民が、貧困に陥って苦しんでいる人に対して、「それはあなた方の努力が足りないからだ」「あなた方の自己責任だ」と批判することは、貧困と格差を拡大させてきた政府の責任を問わないことになりますし、現在の社会状況、つまり、失業や会社の倒産、病気、交通事故などにより誰もが貧困状態に陥る可能性があることを考えれば、国民・市民の中に分断を持ち込む論理ということになります。

（宇都宮健児〈二〇一四〉『自己責任論の嘘』ベスト新書、p.4・p.14）

国家主義―グローバルナショナリズムの台頭は、新自由主義的統治の仕組みである「自己責任論と競争の自由」の一層の徹底を必然とする。道徳の教科化の先には、「この新自由主義的統治をより十全に遂行し、より安定化させることで、新自由主義が求める価値観念を一身にまとい行動できる構成員を育成する『期待』と『成果』が待ち受けている」（折出、二〇一五b）とすれば、道徳の教科化は現在と将来に渡る子どもの貧困問題などの社会的矛盾を隠蔽し、個の責任に課すものである。

新自由主義で非正規雇用の拡大や民営化、組合つぶしの一方、世界中にマーケットを求めていく。自分達の利害に合わせて国家を自分達の道具と見る。国家が企業化するとも言われます。そこに保守主義が乗っています。新保守主義はつまるところ国家主義で、国家がすべてに優先し、なにもかも国家の道具になります。道徳を強調し、市民を内面から統制しようとし、対外的には『民主化の輸出』など強硬

路線です（傍線筆者）。（岡野八代「立憲主義破壊と『政治改革』」しんぶん赤旗、二〇一六年四月五日掲載）

全生研基調報告（二〇一四）は、改定された教育基本法条項にふれ、新自由主義教育政策のねらいは、新保守主義的な道徳規範を内面化した従順な「規律主体」に子どもを教育することと、市場的・競争的な原理を内面化して、自分自身の人的能力の向上を排他的に追求する「競争主体」に子どもを教育するという二つの側面があると指摘している。道徳の教科化は、おもに前者を媒介にして、後者の目的に迫るためのものだと言えよう。

(5) 明文改憲と道徳科

岡野の指摘する〝新自由主義と新保守主義の結合〟の先にあるものが明文改憲である。安倍首相は憲法改正に取り組むのは二〇一六年の参院選以降との考えを示したが（二〇一五年九月一一日、インターネット番組）、二〇一七年衆議院選挙の結果を受けて、改憲論議を加速させた。解釈による実質改憲のみならず、明文改憲に臨むということは戦後の日本社会の有り様を根本から「変革」することである。その極めて重大な「変革」を極めて短期間のうちに成し遂げようとしているところに安倍政権の特異性があり、その教育面からのアプローチが道徳科であると言える。

安倍は、ネット配信番組「政治家と話そう　Ｇｏｏｇｌｅ選ぼう二〇一二」[*14]において「教育その他、どの分野の政策に最も力を入れていきたいかと」いう問いに対し次のように答えている。

あの日本国憲法の前文にはですね。平和を愛する諸国民の公正と信義に信頼して我らの生存と安全を保持しようと決意したと書いてあるんですね。つまり自分たちの安全を世界に任せますよと言っている。そして専制と隷従、圧迫と偏狭をこの地上から永遠に除去しようと務めている国際社会において名誉ある地位を占めたいと思う。自分たちが専制や隷従、圧迫と偏狭をなくそうと考えているんじゃないんですよ。国際社会がそう思っているから助けてもらおうと。いじましいんですね。みっともない憲法ですよ、はっきり言って。それは日本人が作ったんじゃないですからね。そんな憲法持っている以上ですね、外務省も自分たちが発言するということは憲法上義務付けられてないんだから、それは国際社会に任せるんですからね、精神がそうなってしまっているんですね。そっから変えていくことが大切だと私は思ってます（傍点筆者）。

日本会議会長・田久保忠衛（杏林大学名誉教授）は、「安倍総理のうちになんとしても憲法改正を」、「皆さんと共にこの決戦に臨んでいきたい」、そして「天が下し給うたリーダー」と安倍を礼賛する。前述したネット配信番組の最後で安倍は次のようなコメントを残している。

我々自由民主党はですね、流した汗が報われる、ま、頑張った人が報われるというまっとうな経済を取り戻していきたいと思っています。自立を、自助自立を基本にみんなで助け合っていくそういう日本を作っていきたい。また教育においてはですね、全ての子どもたちが高い水準の学力やあるいは規範意識—道徳心を身につける機会を保障していくのがやはり最終的には国の責任だと思います。まっとうな教育を取り戻していきたい。何よりもあと大切なのは国を守るそのためには外交力が必要ですね。外交力これはどっから来るのかと言えば日本の場合はやはり日米同盟ですね。えーこの日米同盟をやはり復活をしてですね、絆がなければですね、同盟は紙切れと同じですからそれを復活をして強い外交力を展開しながら国益を守っていきたいと思っています（傍点筆者）。

子どもたちが高い水準の学力を身につけることと、規範意識―道徳心を身につけることが同列になっていることなど教育学的に批判検討すべきことは多いが、注目すべきは、「自立を、自助自立」という言葉によって、起きうる問題の責任を自己責任に押しこめようとしていること。同時に、国を守るための外交力とは、アメリカとの軍事的同盟関係であることがはからずも吐露されていることであり、それを絆と名づけている部分である。そして、彼が言う「規範意識―道徳心」とは、国を守るための絆を形成する感情的（道徳的）基盤であることは疑う余地がない。

それが顕著に表れているのが、「二〇一二年自民党総裁選挙街頭演説　九月二〇日」[*15]である。これはアニメやコスプレの聖地として知られている秋葉原で行われたものである。日の丸の小旗や旭日旗が打ち振られる群衆の前で安倍は次のようなスピーチをしている。[*16]

そして私たちはあの大災害を通じて、私たちにとって大切な価値とは何か。守るべき価値とは何かを学ぶことができました。それは大切な家族を守るためであり、愛しい故郷を守るためであり、かけがえのない祖国にっぽんを守るためであります。あの南三陸の若い女性職員の勇気ある行動は時には誰かが命をかけなければ、これは守ることが出来ないんだということを、私たちに身を持って教えてくれました。いま私たちの美しい海や領土が脅かされようとしています。（略）まずは私は断固として何よりもにっぽんの領海領土、そしてにっぽん人の命を守るこのことを宣言いたします（※文字起こしは筆者）。

この後は、集団的自衛権容認と憲法改正にとりくむと宣言している。ここで述べられている南三陸町の若い女性とは津波の際に避難のアナウンスを続けて、亡くなった遠藤未希さんのことを指している。後に埼玉県教育委員会編『「心の絆」東日本大震災埼玉県道徳資料「天使の声」から何が見えるか』として道徳教材化され、指導案も作成され各地で授業も行われている。こうしたトピックを教材化することの是非と内容も問わなければならない。*17 そしてそれ以上に安倍のメッセージに（現場に大きな影響力を持つ）教育委員会が結果として呼応していることが、非常に重大な問題といえよう。森友学園国有地不正払い下げ事件で明らかになった「忖度」の文化ではないだろうか。

ここにあるのは国家のために国民が存在し、その国民の意識を涵養するのが教育の役割であり、その基調となるのは自己犠牲の精神という教育観であり、それは「政治の暴走がもたらす教育の危機」（藤田英典、二〇一四）である。先に述べたように、こうした教育観を後押ししてきたのが今まで述べてきた「日本会議」とその系列団体である。同団体は「日本の感性を育む教育の創造を」*18 の中で次のような主張を展開している。

いじめや自殺、非行の増加や援助交際といわれる性道徳の乱れなど、いま学校教育は崩壊の危機に直面しています。また家庭秩序の混乱や物欲主義の社会風潮、低俗な風俗の流行など、青少年をとりまくこれらの精神的、物理的な社会環境の悪化は、教育荒廃を助長する大きな原因ともなっています。健全な教育環境の創造は、私たち一人ひとりの務めでもあるのです。

特に行きすぎた権利偏重の教育、わが国の歴史を悪しざまに断罪する自虐的な歴史教育、ジェンダーフリー教育の横行は、次代をになう子供達のみずみずしい感性をマヒさせ、国への誇りや責任感を奪っています。

かつて日本人には、自然を慈しみ、思いやりに富み、公共につくす意欲にあふれ、正義を尊び、勇気を重んじ、全体のために自制心や調和の心を働かせることのできるすばらしい徳性があると指摘されてきました。

長年の国民運動の甲斐もあって、平成一一年には国旗国歌法が制定され、平成一八年一二月には五九年ぶりに教育基本法が全面改正され愛国心や道徳心、公共心を大切にする教育目標が明記されました。教育は国家百年の計といわれます。私たちは、誇りあるわが国の歴史、伝統、文化を伝える歴史教育の創造と、みずみずしい日本的徳性を取りもどす感性教育の創造とを通じて、国を愛し、公共につくす精神の育成をめざし、広く青少年教育や社会教育運動に取りくみます（傍点筆者）。

「行きすぎた権利偏重の教育」とは何か。むしろ正しい権利行使の在り方やその意味を学ぶことが余りにも少なかったのが戦後教育の問題点の一つではないか。「わが国の歴史を悪しざまに断罪する自虐的な歴史教育」とは歴史修正主義という学際的批判を浴び続けている誤謬そのものではないか。そして「ジェンダーフリー教育の横行」とは一体どこの何を指しているのか全く根拠がなく、ためにする議論にすぎない。これらの論理は現在の教育問題を道徳教育の問題にすり替えるものに他ならない。「道徳教育」に熱心な保守派として知られた渡部昇一は「修身」の復活を主張する中で次のように述べている。

もう、何十年も前の話になるが、小学校の校長先生たちの集まりで講演する機会があった。その後の茶話会で、ある校長先生がこう言われた。

「非行少年が出た場合、その親が教育勅語や修身を教えられた世代の場合は指導に成果が上がりました。しかし親が教育勅語も知らず、修身も教えられていない世代になると手の施しようがありません」と。確かに戦前は親を殺したり、先生を殴ったりする少年の話を聞いたことがなかった。教育勅語と結びついた義務教育は、確かにモンスター・ペアレントや、したがってモンスター・チルドレンの発生を予防する力があったのである。

（渡部昇一監修〈二〇一二〉『国民の修身』産経新聞出版　p.19）

この校長の発言は単なる自身の思い込みによるものであり、それを肯定する渡部の論は、何の科学的根拠も持たない暴論であり、今でいうところのフェイクニュースの類である。

まとめれば、**道徳科は二一世紀に再起動する新たな「修身」であり、明文改憲への道を開くもの**であり、それこそが裏の顔である。しかしながら、教育基本法は第一次安倍政権において「改正」されたと言え、「第一条　教育は、人格の完成を目指し、平和で民主的な国家及び社会の形成者として必要な資質を備えた心身ともに健康な国民の育成を期して行われなければならない」（傍点筆者）と記されている。ここにあるのは社会の主体―形成者としての国民像であり、「人々を、なりゆきまかせの客体から、自らの歴史をつくる主体にかえていくもの」（ユネスコ学習権宣言、一九八五年）である。

そして何より、かつて三上満が指摘したように、教育は子どもの幸せというものを唯ひとつの座標軸にするものでなければならないのである。[*19] 道徳教育も当然この文脈上にあることは言うまでもない。そして、そうした道徳教育を具現化するために「道徳科」に内包されている問題点を次章にて明らかにしたい。

＊1 引用はすべて首相官邸ホームページ「政策会議」より

http://www.kantei.go.jp/jp/singi/kyouikusaisei/teigen.html（二〇一六年三月二四日閲覧）。

＊2 俵義文・鶴田敦子・小佐野正樹・貝田久・真田裕子・藤田昌司（二〇一四）『徹底批判!!「私たちの道徳」道徳の教科化でゆがめられる子どもたち』所収、第三章「安倍『教育再生』は『戦争する国』をねらう」合同出版、p.50-64・p.80

＊3 【教育課程部会　考える道徳への転換に向けたワーキンググループ資料４】

http://www.mext.go.jp/b_menu/shingi/chukyo/chukyo3/078/siryo/__icsFiles/afieldfile/2016/08/05/1375323_4_1.pdf（二〇一七年八月一二日閲覧）

＊4 小佐野正樹「民主教育研究所学習会資料　二〇一七年五月一七日」

＊5 赤池誠章（参院自民党・日本会議議連・極右）「教育出版だけが及第点」、俵義文「談話　教育出版小学校道徳教科書問題について」教文・教財資料一七‐一、全教教文局、二〇一七年七月六日

＊6 教科化推進派の筆頭である貝塚（二〇一五）であっても、提言を受けて作成された学習指導要領解説（平成二七年）を紹介する中で「こうした現代社会に対する分析が、果たして適切なものであるかどうかについては詳細な

検討が必要である」と述べている。

＊7 【平成二二年度　大津市皇子山中学校学校評価書】http://www.otsu.ed.jp/ouji/PDF/09%20hyouka/hyouka2011.pdf（二〇一七年八月一二日閲覧）

＊8 「少年犯罪は増えている」「少年犯罪は凶悪化している」と考える人が増えている理由は、少年犯罪に関する情報に接する機会や頻度（回数）が増えたことが主因としてあげられる。「情報に接した私たちは、少年の犯罪に『なぜ？』『どうして？』と疑問を抱きます。そして、繰り返し接した情報と疑問を抱いた情報は記憶に残りやすいので、私たちは凶悪な少年犯罪が増加しているという印象を抱く」「インターネットがない時代と比較しても、少年犯罪と少年による重大犯罪が減少傾向にあることからすると、インターネットの普及で有害な情報の入手が容易になったことを指摘するのは、あまり説得力がない」【星野学　弁護士ドットコムニュース】https://www.bengo4.com/c_1009/c_20/n_3787/（二〇一六年四月一三日閲覧）

＊9 【法務省ＨＰ】http://www.moj.go.jp/content/001128569.pdf（二〇一六年四月一三日閲覧）

＊10 【少年犯罪データベース】http://kangaeru.s59.xrea.com/（二〇一六年四月一三日閲覧）

＊11 非行少年とは、家庭裁判所の審判に付すべき少年、すなわち、①罪を犯した少年（犯罪行為時に一四歳以上であった少年であり、以下「犯罪少年」という。）、②一四歳に満たないで刑罰法令に触れる行為をした少年（以下「触法少年」という。）、及び③保護者の正当な監督に服しない性癖等の事由があり、少年の性格又は環境に照らして、将来、罪を犯し、又は刑罰法令に触れる行為をするおそれのある少年をいう（少年法三条一項）。

＊12 しかしながら、以下「教育課程部会 道徳教育専門部会（第七回）議事録 二〇一四年七月一七日」にあるように将来的には道徳科の免許を出す方向での議論が行なわれている。「中学校段階での道徳の専門免許化をある程度視野に入れながら進めることによって、そのような免許を持ち、専門的な知識や技能をもった方が一人配置されることによって、一定程度、中学校区を単位としながら取組の核となることが担保されることになると考えています（谷田）」「専門免許を出すということは、少し段階があって大変だと思いますが、何らか形で、（大学院等で）専門的授業を受けていることを証明するものがあるとよいかと思います。あるいは幾つかの研修を受けれ

ば、上級などの資格が取得できるといったことも考えてよいのではという気がいたします（押谷）」※（　）は筆者による加筆。
http://www.mext.go.jp/b_menu/shingi/chukyo/chukyo3/049/siryo/1350957.htm（二〇一八年二月一日閲覧）

＊13　【日本会議ＨＰ】http://www.nipponkaigi.org/about（二〇一六年四月一八日閲覧）

＊14　【政治家と話そう：自由民主党　安倍晋三総裁】https://www.youtube.com/watch?v=dXLmRQWv40Q（二〇一六年四月一三日閲覧）

＊15　【自民党総裁選】九．二〇秋葉原・安倍晋三候補街頭演説完全版［桜Ｈ二四／九／二二］
https://www.youtube.com/watch?v=75xkyuvGFHQ（二〇一六年四月一八日閲覧）

＊16　画像を見ると、在特会（在日特権を許さない市民の会）など排外主義を標榜しヘイトスピーチを行っている団体のメンバーの姿が多く見られる。

＊17　渡辺雅之（二〇一四）『いじめ・レイシズムを乗り越える「道徳」教育』高文研、p.88-92
加藤やよひ（二〇一四）「『心の絆』東日本大震災埼玉県道徳資料　『天使の声』から何が見えるか」、『さいたまの教育と文化』No.70 掲載、p.16-18

＊18　【日本会議ＨＰ】http://www.nipponkaigi.org/about/mokuteki（二〇一六年四月一六日閲覧）

＊19　三上満（二〇一四）「教育は子どもの幸せのためにこそある―教育にこの座標軸を」、『子どもをみるまなざしを問い直す―学ぼう、使おう、子どもの権利条約』掲載、子どもの権利・教育・文化・全国センター、p.26-28

2

第２章

道徳科の抱える問題点

「道徳科」には分類すると次のような問題点がある。これらは独立して存在するのではなく、前章で述べたことも含めて相互に繋がり合っている。以降は出来るだけ既に論じた部分との重複を避けながら、問題点をみていくことにしよう。

・学際的根拠—academism の視点の弱さ（恣意性の侵入）
・徳目主義＝設定された徳目（授業のねらい）を元に子どもたちを一定の価値観に誘導する
・心理主義＝「あらゆる（社会の）問題を個人の心の問題（在り方）に還元する」—自己責任論
・偏狭なナショナリズム＝愛国心の涵養と排外主義への誘導
・家父長制・復古主義的価値観
・多文化共生—Diversity の欠如（マイノリティへの無配慮）
・道徳性の評価〜内心の自由に対する侵害
・「道徳性の教育」における全面主義の後退
・教育課程の自主編成権の剥奪（管理強化、画一主義—ゼロトレランスとの関連）
・検定教科書（テキスト）の内容と使用に関する問題（教育の国家化〜国定化への動向）

とくに、この章では「徳目主義、心理主義、偏狭なナショナリズム」に焦点化して考えてみたい。

1．道徳とは何か

⑴ 道徳教育と道徳性の教育

そもそも人間社会にとって道徳とは何かという問題がある。佐貫浩は人間社会における道徳性の発達には大きく分けて三つの段階があると説明する。[*1] 以下、佐貫の提起を手がかりにしてこの問題の整理を試みる。

第一段階は原始的な共同社会の黎明期である。厳しい環境に置かれた人類は生き抜く―サバイバルのために集団生活による共同性の獲得を必然とし、その維持発展のために生まれたルールや暗黙の規範を原初的道徳とした。第二段階は国家社会の形成期とシンクロする。人間社会が国家という形式をもって発展した際の法規範としての道徳である。これは国家という機能を維持するために、個人の生活や行動を制限することも含んでいる。個々人の基本的人権に基づく幸福追求権は認められるものの、国家権力の態様とその強さよってそれはある程度制限される。第三段階は近代民主主義に支えられた市民社会の登場によって生まれた共同的な市民道徳である。これは国家権力（為政者）が暴走しないための法体系としての立憲主義を基盤にし、公共性という概念を生み出した。勿論、これらは相対的な独立性を有しているわけではなく発展的関連性があり、それぞれの段階に共通する要素がある。

さて二一世紀に入ると、地球環境、国際紛争、難民問題などの顕在化により、グローバルな視点でこれらの問題を追求する必要性がクローズアップされた。山脇（二〇〇八）は諸地域の文化的多様性を基盤とし、また文化や歴史の多様なコンテクストに根ざしながら、同時に、平和、正義（公正）、人権、福祉、貧困、科学技術、環境、安全保障、文化財保護など、地球規模で対峙する必要のある問題を考えていくために、グローバリズムとローカリズムを超えた二一世紀型の公共哲学を提唱している。[*2] 第三段階の道徳とは山脇の主張する地球規模でものごとを考える地球市民としての道徳と言うこともできるだろう。持続可能な開発のための教育（ＥＳＤ：Education for Sustainable Development）などの概念はこうした流れの中で生まれ、文科省もこれらの流れを無視出来ない現状がある。

自然を外から制御する者となって保護するという自然への接し方ではなく、一人一人が自然との心のつながりを見いだし同行する者として生きようとする自然への接し方につながり、持続可能な開発のための教育（ＥＳＤ）でも求められる、現在及び未来の自然環境の課題に取り組むために必要な心を育てることになる。

（三章二節　指導の要点『中学校学習指導要領解説〈平成二七年〉特別の教科　道徳編』p.64）

※以下『対象学年　学習指導要領解説』

道徳科の中にこうした概念を取り入れることについては肯定的にとらえる必要がある。ただしＥＳＤについて、Ｈ・メドウズ、Ｌ・メドウズ、枝廣（二〇〇五）は「システム思考」という概念をたて、問題を人や個別の事象の責任にするのではなくシステムとして考えるべきであり、その構造＝システムを変えないと、いくら人を非難しても、いくら人を取り替えても、うまくいかないということを指摘している。Ｈ・メドウズらの主張は環境問題が個人の行為や心がけに矮小化されてしまうことを危惧したものと言える。

また、佐貫（二〇一六）は勝田守一の論をひいて、道徳性の核心を「自己に忠実に生きながら、同時に他のひとびとがそれぞれ同じように自分に忠実に生きられる。そういう関係をできるだけ広いかかわりあいで作りあげていく行為を導く価値」と定義した上で、道徳性は究極的には「人間の尊厳」という価値の実現であると述べている。

倫理学者の尾崎恭一は「道徳性の出番」は利害問題や宗教等の世界観、とくに価値観、幸福感の違いから対立が起きるときであり、それらの違いを暴力で「解決」するのではなく、互いの人格を認めて良心的に解決する基準が近代の道徳規範であると言う。その基準は世界人権宣言や日本国憲法などに共通する人間観であり、見解の相違のある「人間の力を超えたものに対する畏敬の念」などを道徳規範とはしないこと、むしろこうした畏敬の念を持たないことが、互いに認め合う思想信条の自由という近代の道徳規範であると主張する。尾崎の主張は道徳性を説く根幹には「個人の尊厳」が存在しなければならないということであり、国家としての規範を道徳に「格上げ」することは、むしろ道徳的ではないというものである。

近代以前の道徳は、国王や貴族、天皇や武家の民衆支配を正当化する行為規範でした。人間関係の基本を上下関係だとして忠孝などを説く道徳で、国家や学校教育などで強制的に教えこまれました。そして日本では、このような道徳教育が明治から敗戦に至るまで全教科を統括する修身科として実施されたのでした。

（尾崎恭一「民主教育研究所　道徳教育パンフレット作成会議資料　二〇一六年五月二〇日」）

整理すれば、**道徳性は個人の内面に依拠する様相をとりながらも、他者（人）と世界に働きかける行動原理の元になる価値観であり、私と世界をつなぐ媒介**（関係性）**のツール**である。それは「**異なる他者と共に生きる術**」**であり、共生と共同の価値観**である。

また道徳性の価値実現イコール「人間の尊厳」であるならば、それを根幹から損なう戦争、環境破壊、ヘイトスピーチ（差別扇動表現）など人権侵害に関する問題―それらとたたかうことが道徳の主要テーマになるのは当然のことと言えよう。

しかし、道徳教育は未だに学校内で行われる教育活動を指すものとして（のみ）捉えられている傾向が強く、ここまで述べてきたように、主に個人の内面に向かう規範意識の醸成が主要なテーマとされている。つまり公共の場におけるマナー・エチケット、規範順守の類に道徳教育が矮小化されている傾向が強いのである。この傾向は整理整頓や挨拶の励行をうたった「きそく　正しく　気もちのよい　毎日を」（小学一・二年）など小学生版『私たちの道徳』（文科省、二〇一四）や検定教科書（二〇一七年）掲載諸資料に強く表れている。

道徳心が学校全体の教育活動を通じて行われる道徳教育（全面主義）や学校外など社会全体にコミットしながら、その影響を受ける活動の中で育まれるものであるならば、それは道徳性の教育という名付けが相応しい。梅原（二〇一〇）が言うように、「学力も道徳性も、文化や生活習慣に囲まれ、親や大人の働きかけを通じて、広くは日常生活の中で形成されていくものであり、同時に意図的に作られた学習の場ですべての子どもたちを対象に行われる人間を育てる営み」こそがその根幹である。

そもそも「学校がなくても道徳は学べる」（松下、二〇一一）はずであり、それは共同体道徳と名付けられるだろう。そうした文脈で言えば、ヘイトスピーチへの抗議活動（カウンター）などに典型的に見られるように、路上―ストリートにも（広義の意味での）道徳教育は存在する。抗議活動が激しい口調やアクションで行われていたとしてもそれが違法でない限り、行動としては正当性を持つ。なぜなら、それら一連のアクションはマイノリティの側に立ち、社会の公正―フェアネスの実現を目的としている限りにおいて極めて道徳的だからである。

またここで大切になるのは、「自分の側に生きる他者が、その人間としての尊厳を保障されているかを絶えず問う倫理性をともなわなくては、民主主義は成立しない」（佐貫、二〇一五）という論理である。とするならば道徳性の教育とは、他者（外界）との関係性をより良くするための視座を持たねばならず、そのためのシステムとしての民主主義を追及するという道筋と重なり、つまりは政治教育としての側面も強く持つであろう。[*3] 道徳教育は政治教育と結びつける必要性があり、民主主義に基づいた市民的権利を子どもと共に学ぶことは、道徳性の根幹にかかわることなのである。勿論、この場合における政治教育とは中立性を担保し「不偏不党」を原則とするものでなければならない。

(2) 道徳科の学際的根拠 academism

道徳とはいかなるものかという問いは、誰しも手に余る壮大なものであるが少なくとも教科化を推進している文科省サイドにおいて、それがきちんと議論されているとは言えない。[*4] 学校における各教科は、学際的根拠 academism すなわち自然科学と社会科学を基礎にし、系統的に取り組まれてきた経緯がある。しかし、道徳はどうであろうか。先に述べたように、学習指導要領上でも「第二章　各教科」の欄に道徳はない。哲学、倫理学、心理学等をその根拠にすべきだという主張もあるが、道徳科の基本設計はそうしたものではない。

そもそも、道徳それ自体を学校の教育活動の中で系統的に扱おうとすることに無理がある。例えば哲学者の永井均は「なぜ悪いことをしてはいけないか」という問題は「なぜ善いことをしなければならないのか」

とともに道徳の根拠の問題であり、その問題を解くのは容易なことではないと言う。[*5]

また北野武は「道徳なんて、ほんの少し時間が過ぎただけで、あっさり変わるのだ。そんなにあっさり変わるものを、簡単に『これが道徳だ』なんて決めつけていいわけがない。だいたい、いつ誰がどうやって決めたのかもよくわからない」と述べ、道徳は価値観の上に乗っているものであり、価値観が色々あれば道徳も色々になるはずだから、なんの議論もなしに「これが道徳です」と、数学の真理と同じ調子で、子どもたちに教えこむのは間違いだと主張する（前掲書、p.12-14）。

永井と北野の論は、学際的根拠を持ち得ないものを教科として格上げすることの無理を指摘したものと言える。[*6] 現時点において「教科としての道徳」に対応し体系的に構成する論理を持つ科学はない。よって、科学的根拠を元に教科内容が決定されている従来教科とは違い、道徳科においては「国家が、ストレートに、第一義的にその内容を決定するという事態が出現する」（佐貫、二〇一五）のである。

しかし、これは何も今に始まった話ではない。最近では藤田昌士（二〇一四）、早くからは城丸（一九九三）らがすでに明らかにしたように、一九五八年の「特設道徳」の設置当初から周到に準備されたものなのである。実施されようとしている道徳科はまさに満を持して登場した露骨なまでの教育の国家化であり、その手法において戦前型教育の復活であるという批判を免れることは出来ないだろう。

法学的観点から見た道徳教育について、道徳科の前身とも言える「特設道徳」（一九五八年）の設置に関して次の定義がある。

道徳教育「一定の歴史的社会において、その支配的価値観にもとづいて、価値意識を形成し、行動様式や生活態度を育てる教育をいう。時代や社会によって価値観が異なるので、道徳教育の内容も異なることになる。一つの社会にあっても、価衝観に対立・矛盾が存在する限り、道徳教育の内容にもその対立矛盾が反映する」

（兼子仁・神田修編〈一九七九〉『教育法規事典』北樹出版、p.230）

さらにこの定義の白眉は以下にあり、「特設道徳」設置の経緯に関する問題点が明確にされている。

【問題】特設『道徳』によって、国家がこのようなかたちで道徳教育の内容に介入していることは、まず教基法一〇条の『不当な支配』に通じる。さらに、国家が道徳という国民の内面的価値にかかわることを決めて国民に押しつける結果となっているのは、『思想及び良心の自由』『信教の自由』（憲法一九、二〇条）などの基本的人権を侵害するといってよかろう。『道徳』時間の特設は、学習指導要領における徳目を羅列するような徳目主義も結びついて、徳目の無批判的な注入に終わる危険性が強く、道徳教育の方法としても適切とはいい難い。最近は、社会科・国語科における内容などにおいて道徳教育的な傾向が盛り込まれていると指摘されている。

道徳教育の内容は、ほんらい、教職員と父母・国民が共同してつくりあげるべきものである。道徳教育は、対立するさまざまな価値を子どもが自主的に選択しうる力をつけてやることでなければならない。そのためには、何が正しく真実であるかを見抜く力、科学的世界観の形成が不可欠である。この立場から道徳教育は、生活指導と教科指導の有機的連関のもとに、学校教育全体で行なわれ、さらに家庭教育や社会教育とも協力して行なわれるべきである（前掲書）。

「特設道徳」という国家政策をはっきりと憲法違反であると断じ、その問題点を剔出している点は傾聴に値する。もちろん、このような見方は、なにもこの事典独自の特異なものではなく、当時の教育法・行政学界に一般的な意見であり、戦後教育学の主流派の立場でもあった。たとえば、宗像誠也の『内外事項区分論』や堀尾輝久らに代表されるような『国民の教育権』論がこれに該当する（藤、二〇一五）。

ここで言う特異なものではない、むしろ主流であった論説が計画的にひっくり返され、学際的根拠を片隅に追いやり、その代わりにポピュリズムによって道徳教育はミスリードされ続けてきたのである。そして強調しておかなければならないことは、学際的根拠の基盤が脆弱な場合、問題になるのは恣意性が混入（例えば、偏狭なナショナリズムや家父長的思考）しやすいことであり、一定の価値（徳目）に誘導することが容易になるという側面である。

2. 心理主義の問題点

心理主義とは、あらゆる（社会の）問題を個人の心の問題（在り方）に還元する考え方のことであり、「客観的・理性的な思考をともなわないで、感覚や情緒で判断する、あるいは判断するように仕向ける、さらに、問題を自分の心の問題にのみ向かわせ、解決を心の持ち方に求める手法」（鶴田、二〇一四）であり、結果として自己責任論と容易に結びつく性質を持つ。二〇〇二年四月、文科省は全国の小・中学校に『心のノート』

という補助教材を無償配布し、道徳教育での利用を促した。現在は『私たちの道徳』に名称も変更されているが、内容や本質的なねらいは変わらず、むしろ文科省の意図が徹底するようなバージョンアップが図られている。ノート配布時には、上意下達で配布された事実上の国定教科書ではないかと批判する声が上がった。このノート内容に色濃く見られる心理主義の問題は現在の道徳科の中に「着実」に受け継がれている。

(1)『心のノート』に見られる心理主義批判

島崎(二〇〇七)は『心を商品化する社会』(小沢牧子・中島浩著、洋泉社新書、二〇〇四)を引用しここでいう心理主義とは、人の状態や行動または社会現象を、臨床心理学的な観点から人間の内面のありように還元して解釈し、説明し、問題を『改善・解決』しようとする立場である。またこの心理還元的立場を重視し、心理主義的立場から臨床心理士の養成資格制度を推進してきた心の専門家・河合隼雄を微妙で危険な役割と批判し『心のノート』問題に言及している。

さらに心理主義の広がりを教育問題の領域で考えると、一方で、強制を伴うという意味での、いわばハードな現れとして君が代・日の丸問題があり、他方で、ソフトなかたちでの現れとして、『心のノート』の問題が見られるだろうとし、社会的諸矛盾の様相と個人の内面の問題を安易に結びつけることに警鐘を鳴らしている。島崎の論は二〇〇七年のものであるが、道徳が「みごと」に『心のノート』によって「心理主義」化されてしまっている問題を明らかにしている。『心のノート』を徳育と心理学の結合とした定義もうなずけるものである。

また三宅晶子は『心のノート』作成から配布の過程を分析し、「そもそも一定の価値観や国家観を国が教育していいのでしょうか」という根本的な疑問を提示し、実際に書かれているトピックやイメージの問題点を具体的に批判した。そして『心のノート』に基づく道徳実践について「『心の教育』とは国民を国家の主権者から国家による統治の対象へと逆転させ、民主主義的精神、批判的知性を忘れさせていくものでありながら、それをあたかも『心のケア』であるかのように感じさせるプログラム」であると定義付けている。[*7] 道徳科はこうした傾向をいっそう推進するものとなり、検定教科書に掲載されている様々な題材はそれを裏付けるものになっている。。

(2) 文学教材と心理主義

全国の小中学校に配布された『私たちの道徳』は、「道徳の教材の抜本的充実」（教育再生実行会議提言、再掲）を受けて『心のノート』を全面改訂したものであり、下村文部科学大臣（当時）の肝いりで推進されたものである。[*8] 「児童生徒が道徳的価値について自ら考え、実際に行動できるようになることをねらいとして作成した道徳教育用教材」（文科省HP）[*9] である。「自分をみがいて、人とつながって、命をいとおしんで、みんなとつながって」（小学生版）、「自分を見つめ伸ばして、人と支えあって、生命を輝かせて、社会に生きる一員として」（中学校版）という四章構成は「児童生徒の道徳性を次の四つの視点から分類整理」（文科省）したものと対応している。

A　主として自分自身に関すること
B　主として人とのかかわりに関すること
C　主として集団や社会との関わりに関すること
D　主として生命や自然、崇高なものとの関わりに関すること

（一章3　改訂の要点『小学校・中学校学習指導要領解説』）

「人とつながって」関連ページには、『レ・ミゼラブル』の一節を扱ったトピックが教材化されている。ビクトル・ユーゴーの不朽の名作と呼ばれている『レ・ミゼラブル』の中でもハイライトとして取り上げられることが多い場面である。

貧しい農家に生まれ、早くに両親をなくしたジャン・バルジャンは、姉とその子供たちのために、一切れのパンをぬすみ、ろう屋に入れられてしまいました。（中略）おどろいて立ちすくむジャンに向かって、司教は、「これは、あなたが正直な人間になるために使いなさい。」とそっとささやきました。

文末

ミリエル司教は、なぜジャンに、銀のしょく台まで手わたししたのでしょうか。（中略）この後のジャンの人生がどうなったのか、続きを読んでみましょう。

（『私たちの道徳　小学校五・六年』掲載「読んでみよう〝銀のしょく台〟」文科省、平成二六年、p.82-83）図3

これを読んで色々な考えを出しあい、その後、原作を読んでみたいという気持ちになる子どもがいれば、それは意味があることであろう。しかし、『レ・ミゼラブル』という文学作品の一部を切り取って、そこからなにがしかの徳目を読み取らせようというのは、文学作品に対する一種の侮辱ではなかろうか。いや正確には、なにがしかというよりは「けんきょに、広い心をもって」と欄外に明記されているので、読み取らせたい道徳的意図は明らかである。

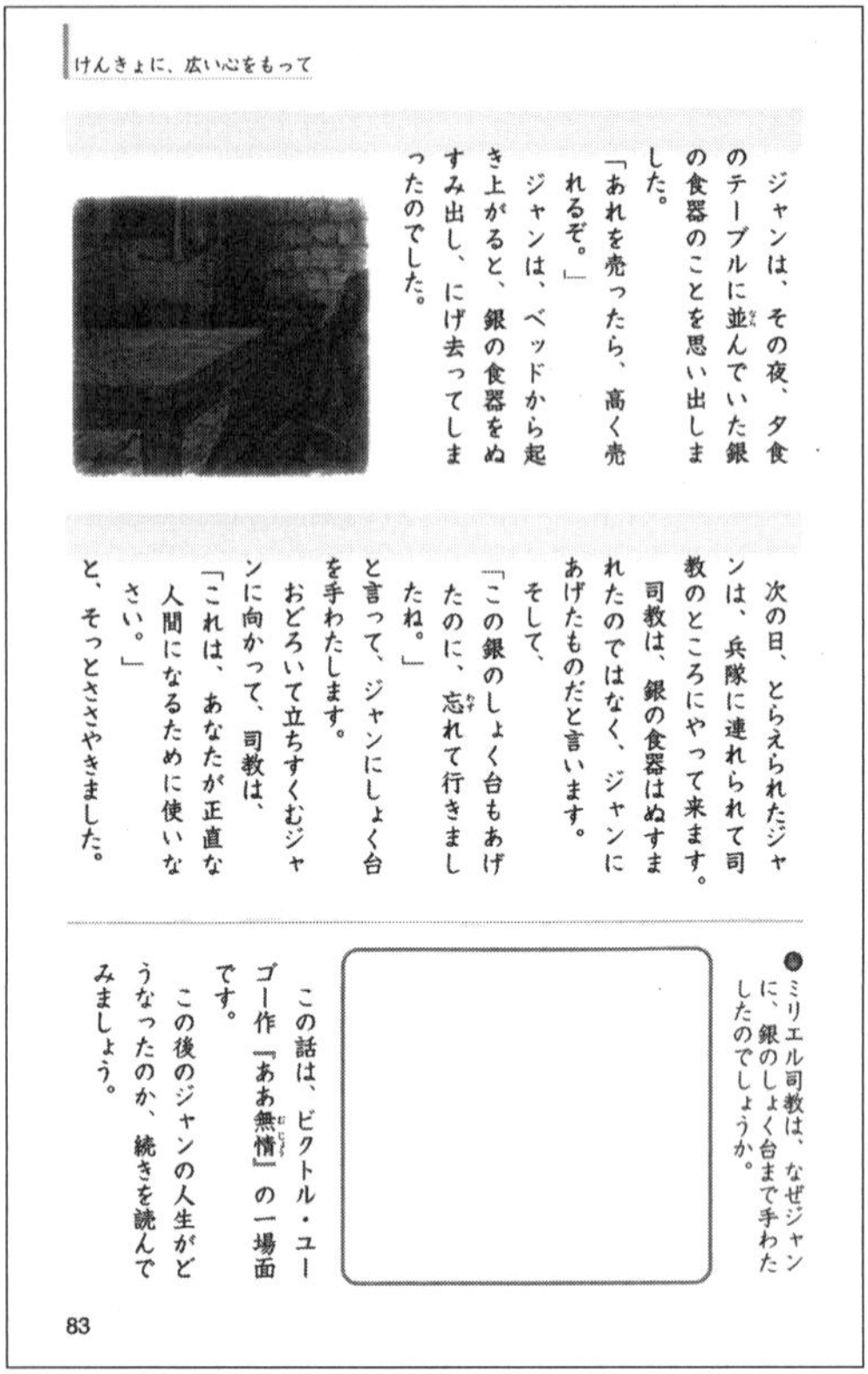
けんきょに、広い心をもって

ジャンは、その夜、夕食のテーブルに並《なら》んでいた銀の食器のことを思い出しました。

「あれを売ったら、高く売れるぞ。」

ジャンは、ベッドから起き上がると、銀の食器をぬすみ出し、にげ去ってしまったのでした。

次の日、とらえられたジャンは、兵隊に連れられて司教のところにやって来ます。

司教は、銀の食器はぬすまれたのではなく、ジャンにあげたものだと言います。

そして、

「この銀のしょく台もあげたのに、忘《わす》れて行きましたね。」

と言って、ジャンにしょく台を手わたします。

おどろいて立ちすくむジャンに向かって、司教は、

「これは、あなたが正直な人間になるために使いなさい。」

と、そっとささやきました。

● ミリエル司教は、なぜジャンに、銀のしょく台まで手わたしたのでしょうか。

この話は、ビクトル・ユーゴー作『ああ無情《むじょう》』の一場面です。

この後のジャンの人生がどうなったのか、続きを読んでみましょう。

83

図3　『読んでみよう　「銀のしょく台」』
（私たちの道徳　小学校五・六年）

文学作品のテーマというのは、一様に解釈できるものではない。『レ・ミゼラブル』は贖罪、愛、善悪、赦し、正義、公正、人権の獲得、民衆のたたかいなど様々なテーマを持つものであり、その背景になっているのはフランス革命後、ナポレオン廃帝後の王政復古で混乱する社会であり、そしてパリ・コミューンという新しい時代の息吹の中で生きる人々の姿である。

そもそもジャンはなぜパンを盗んだのか（盗まざるを得なかったのか）、なぜ一切れのパンという「ちっぽけ」な罪で投獄されてしまったのか。そうした社会とは人間としての暮らすのに相応しいのかという根本的な問題への問いは封じられる。代わりに、ジャンとその「悪行」をキリスト者の立場から救ったミリエル司教の姿が心理主義的に描かれる。ジャンがパンを盗んだ背景には、アンシャンレジームに支配され、階層格差が極限まで拡大したことによって起きた革命後の混乱したフランス社会である。それは未だに人が人として生きることを阻む社会であり、『レ・ミゼラブル』は、それに挑む人々の物語でもある（と筆者は解釈する）[*10]。

いずれにしても、こうした物語を一人の人間の悪行と善行の物語に矮小化してしまうのが、心理主義の持つ側面の一つである。これは何も、文学教材の道徳化にだけ表れる問題ではない。島崎が『心のノート』批判で指摘したように、自分の身の回りのことから、他人との関係、自然、宇宙や崇高なものとのつながり、集団、わが国というマクロ的なものとのつながりまで、同心円的にテーマを広げるなかで、生徒たちに考えさせたり疑問を抱かせたりすることなくして、ひたすらイメージ的に作者の意図をソフトに刷り込ませる結果として作用させるのが、道徳の「心理主義」化であり、教育へのカウンセラー的・心理療法的手法の過剰利用である。唯物論・観念論という図式でいえば、『心のノート』は、心というものを周囲の複雑な状況や社会関係から切り離して問題にした点で、鯵坂真の指摘するように、「旧い観念論の立場の踏襲だ」といえるだろう（島崎、二〇〇七）。

(3) 道徳教育と銀行型教育

しかし、現代に生きる人間に心の問題がないということではないし、心理的アプローチが無効だということでもない。香山リカが指摘するように、「解離性障害 dissociative disorders」や「離人症」など個々人に立ち現れる諸問題のいくつかは、カウンセリングや心理療法によって解決することが有効かつ適当であろう。[*11]教育現場においては、苦しんでいる児童生徒へのカウンセリングは有効なものであり、適切なケアとサポートであれば「自己責任論」の呪縛から解放される側面も持つ。とはいえ、カウンセリングというシステムは個人の心のあり方にアプローチするという意味合いが強く、心に問題を閉じ込める志向性を持ちやすいことに注意を払う必要がある。

つまりカウンセリングや心理療法そのものの特質ないし独自性を把握すべきであり、やはりこれは、ひとつの限定された専門分野であり、問題が現実の矛盾から発生するとしても、やはり心の領域で問題を設定することとなる。だからある意味で、こうした方法が基づく心理学には人間理解の点で、もともと限界がある。とりわけ、道徳科のテキストとして『心のノート』や『私たちの道徳』などに掲載されている事例の中には、現実の問題やそれが起きている背景から目をそらせる役割を果たし、こうした「心理主義」が社会への批判と変革の力を人々から奪っているのではないか(島崎、二〇〇七)。

道徳科の中に散見する心理主義は、道徳性のベクトルを〝個人の内面にのみ向け、外側に向けない〟という特色がある。それこそが道徳科の隠されたねらいということができよう。

道徳教育の心理主義化は、人間の道徳性を成立させている社会的・政治的要因から目をそむけさせ、

道徳の問題を矮小化してしまう。繰り返して述べてきたように、道徳性とは単なる人間の内面の問題ではない。それでは決して、戦争や貧困や民族虐殺のような最大の倫理的問題は解決されない。

（河野、二〇一一）傍点筆者

道徳とは、人間が本来持つ共感的なつながりがどのように政治的・制度的に保障されるかという問題を突き出すものである。道徳教育が政治教育とリンクした時にはじめてその内実（倫理的課題）を獲得しうること、同時にそうした道徳教育こそが、人間社会の道徳的基盤を形成する。[*12]

ハンナ・アーレントは、人類に対する犯罪をおかしたアイヒマンを「悪の凡庸」と表現し、個々の人間の内面の心の在り方が人類に対する重大な犯罪を侵すわけではなく、全体主義という社会の全体構造がそれを生み出したこと、そしてその全体主義は、個々人の心の内に表れる「思考の欠如」と表層性を誘引すること。怪物的なものでも悪魔的なものでもない、表層の悪が人類にたいする犯罪、人間をほろぼしうるような犯罪をもたらすと主張した。罪人の非道さを暴くのでなく、ありふれた凡人の小心さを「悪の凡庸さ」という言葉で表現したアレントの指摘は今なお人間の倫理観とは何か、道徳とは何かということを私たちに問いかけている。[*13]

そしてまたなぜ道徳科の中に、こうした傾向が強く現れているのだろうか。それは道徳科が「公（世界）」と「私」を切り離し、道徳は「私」の心・内面の問題とすることを基調としているからである。パウロ・フレイレがその著書『新訳　被抑圧者の教育学』（亜紀書房、二〇一一）の中で繰り返し批判した銀行型教育とは、抑圧者は抑圧された側が変革を目指し、自らのための存在になっていくことを望んではいないためのものであると断じている。「そうした教育を受けていれば、教えられる側、すなわち抑圧される側は意識化に向かうことはない」と述べ、「ものごとの本質を問うということは、抑圧する側にとって危険なこと」とし、銀行型教育が、人間の支配または体制維持のために機能している抑圧のツールであることを鋭く指摘している。フレイレの主張を借りれば、**道徳科における心理主義とは、人間が社会の主体として立ち現れることを抑制するものであり、同時に社会の抱える根本的な矛盾や問題を隠蔽する**ものである。そしてそれは半ば必然的に、ツーウェイ（双方向）の学びを否定し、教え込みを基調とする銀行型教育となり、（次節で述べる）徳目主義とダイレクトに結びつくだろう。ある意味、道徳科は二一世紀型の銀行型教育と言えるのではないだろうか。

3．徳目主義批判

徳目とは一般的に、儒教における仁・義・礼・智・信や古代ギリシャでの知恵・勇気・正義・節制、キリスト教における信仰・希望・愛などを細目化したものであり、道徳性の基盤と呼ばれることもある。そうした個々の徳目に問題があるというわけではない。それを**細分化し、絶対（固定的）なものとして子どもたちを一定の価値観に誘導する**「**徳目主義**」が問題である。また道徳科における徳目の設定者が文科省であるという重大な問題も含んでいる。ある意味、道徳科の最大の問題はここにあると言っても過言ではないだろう。それは道徳科推進派のみならず、当の文科省も課題として捉えていることからも分かる。

(1) 徳目主義の重層的な問題

藤（二〇一五）は、下村文部科学大臣（当時）が二〇一五年三月二七日におこなった記者会見は「約六〇年に及ぶ道徳教育の大きな転換」であり、それまでの「道徳教育の質的転換」をめざすものだと指摘している。その中身は「読み物道徳」を批判し、「考え、議論する道徳」へ質的転換をはかるものである。

今回の道徳の特別教科化は、子供たちが、答えが一つでない問題に向き合い、『考え、議論する道徳』に取り組む中で、自立した人間としてよりよく生きようとする意志や能力を育むことを目的としており、約六〇年に及ぶ道徳教育の大きな転換だと考えております。（前掲　記者会見[*14]）

こうした発言を受けて「道徳教育の抜本的改善・充実」（文科省）では道徳の時間の課題としてまず次の三つを掲げている。

●「道徳の時間」は、各教科等に比べて軽視されがち
●読み物の登場人物の心情理解のみに偏った形式的な指導
●発達の段階などを十分に踏まえず、児童生徒に望ましいと思われる分かりきったことを言わせたり書かせたりする授業

「読み物の登場人物の心情理解のみに偏った形式的な指導」は、必然として「発達の段階などを十分に踏まえず、児童生徒に望ましいと思われる分かりきったことを言わせたり書かせたりする授業」に結びつく。登場人物の心情の読み取りについては、従前、多くの教師が「道徳の授業と国語の違いが分からない」という感想を持っていることと密接な関係があるだろう。

そして、「分かりきったことを言わせたり書かせたり」することを誘導と言う。こうした傾向を払拭しようとする文科省の意図は間違っていない。しかし、『心のノート』『私たちの道徳』を見る限り、その意図とは逆の傾向になっており、二〇一七年の教科書検定結果を見ればその傾向はむしろ強まっている。

伊藤啓一（二〇一二）は、上田薫（一九二〇年生文部省「道徳教育のための手引書要綱」の作者）の道徳教育論を取り上げ、戦前の「修身」は徳目主義が最大の欠陥であったという上田の主張を支持している。それによれば、徳目主義とは、「抽象的当為の立場をふりかざし、それが、あたかも可能であるかのごとく見せかけて効果をあげようとする」ことであり、第一の問題は実生活から離れて不可能を強いることにあるとした。不可能なことを強制することは、子どもに虚偽を押し付けることになり、道徳は軽蔑される存在になり、徳目が内包する矛盾を扱わなかったことで「矛盾に対する無感覚が生まれる」と言う。この主張は戦前の「修身」に対するものであるが、道徳科の実施にあたって懸念されていることと、ほとんど同じである。

教育者が特定の生活感や自然観・崇高観を強制したり利益誘導したりしようとしても、とくに思春期以降の子どもには基本的にそれは無理である。思春期に目覚める自己意識は、強制や誘導の対象となる自らの欲望を評価する価値観そのものについて、相対化し否定さえ出来るようになり、それゆえに強制も誘導も内面に及ばない。たとえ、それらを受け入れたかのような外観があっても、それが本心か擬態かは他人には分か

らない。（尾崎、二〇一六）

二〇一五年、道徳科が実施されることが決まった時、次のような報道が行われ、同様の懸念が示された。

Q1．教科として道徳はどう新しくなるのですか？

A1．「読み物道徳」と揶揄されてきた現状を改めて、「考える道徳」問題解決型の道徳に変えると文科省は説明しています。これまでは道徳というと副読本に書いてある先人の物語を読んだりする座学のイメージでしたが、それをテーマごとにこども同士で調べて話し合ったりして、自分たち自身で問題を解決していくような授業にしたいとしています。深刻ないじめへの対応が必要だとして教科にすることになったからです。

Q2．そうすることでいじめはなくなるのでしょうか？

A2．それは未知数です。「考える道徳」にするという一方で、小中学校のうちに身につけるべきことがら「感謝」「礼儀」「公共の精神」など二二項目をキーワードとして示しています。小学校の低学年には「我が国や郷土の文化と生活に親しみ、愛着をもつこと」といった愛国的態度の育成が新たに書き込まれたりするなど、考えさせると言っておきながら教え込む項目を並べただけ、徳目主義的ではないかとする批判も出ていて、いじめへの対応としては全体にちぐはぐな感じです。

（ＮＨＫニュース解説番組「ここに注目！　道徳はどう新しくなるのか？」二〇一五年二月五日放映）[*15]

徳目主義が道徳教育において有効になるという前提には、道徳や徳目が「時代や社会、宗教を超えた普遍性を持つ」という考えがある。そもそも徳目は先人たちが歴史の中で「より善く生きる」ために編み出してきたものである。したがって各々の徳目を丁寧に見ていくことで道徳的態度を養うことができるというのが文科省の主張であるが、徳目のあり方とその質は決して普遍的なものではない。

「道徳」では、そこで教えている内容が絶対的な価値であるかのように授業が行われるが、しかしながら、価値というのはじつはある時代やある共同体、ある文化の中で規定されるものに過ぎないのである（小川、二〇一三）。

一般社会において、人を殺すことは反道徳的行為であると同時に刑法上の罪に問われることであるが、戦争状態にある時、そのロジックが反転したことを歴史が証明している。

徳目主義として批判されるのは、徳目が普遍的なものであるという誤謬と、仮に普遍的なものがあったとしても、それを教条的に教え込むこと（言わば注入する）の両面である。[*16] しかしここで注意しなければならないのは、現実の場面では戦前の軍国主義教育のように教えこむ（注入）、というよりは誘導するという手法が多く用いられることだ。そのために子どもたちの多くは、予めわかりきっている─教師が期待する「こたえ」を察知し、自ら誘導される道を選択するし、教科化によって〝そうせざるを得ない見えざる権力的関係〟が教室に強く作用する。

三宅は前述した『心のノート』批判の中で、「権力は外から高圧的にやってくるとは限りません。より多くは、日々、競争と評価に狩り出される私たちの、そして子どもたちの心とともに作り出されていくのです」と述べ、その危うさを警告してきた。そうした意味で言えば道徳科における徳目主義は心理主義と結びつき心を

図4　「しては　ならない　ことが　あるよ」（わたしたちの道徳　小学校一・二年生）

コントロール―誘導する操作主義という側面もあるだろう。

そして徳目そのものの妥当性も検討しなければならない。例えば、『わたしたちの道徳　小学校一・二年』には、「しては　ならない　ことが　あるよ」（図4）というタイトルで六つのキャプション付きイラストが掲載されている。*17

「うそを　ついては　いけません」は本当だろうか。現実を無視し、人間とは何かという問いを無視した余りにも子どもを馬鹿にした徳目ではないか。名作『最後の一葉』（O・ヘンリー）では、人のウソがどのようなものであるかを私たちに問いかける。「嘘をついてはいけません」という徳目のなんと教条的でリアリティがないことか。

村山士郎は子どもの「悪」と呼ばれる逸脱行動に発達の転機があると言う。社会に規範意識や秩序維持の規制が強まれば「良い子」でいることを強制される。そうした「良い子」で苦しむことから逃れるには、その秩序からの逸脱を図るという「悪」的行為に走る以外に方法はないのかもしれないと分析する。そして「受容」の概念を「私たちから見て子どもの否定的なるもの、すなわち『悪』をも、子どもの内なるものの表出・表現として受け止めるということを前提にしている。むしろ、『悪』的なものを表出・表現することが逆説的だが、その子の内なる感情にすなおになることと見てあげることではないだろうか」と説明する。[*18] 確かに、子どものうそを含む「悪」が実は発達の契機となりうるという観点を持ち、同時に子どもを理解し教育的立場に立とうとすれば、ありのままの子どもを丸ごと受け入れる（受容）ことを基盤にしなければならないのである。ただし、子どもを丸ごと受け入れるとは子どもの行為行動の全てを許すことではない。そうしなければならなかった子どもの背景を丸ごと受け止めてみるということである。それは表面的、教条的に「してはならないこと」を徳目として教えこむ世界とは真逆と言えよう。

「Notlüge」というドイツ語は、日本語にすると「罪のない嘘」や「悪意のない嘘」という意味である。近年ドイツのみならずヨーロッパ諸国に広がりつつある、この「罪のない嘘」にもとづく現象が広がりつつあるという。

すでに無い家や家族のもとに帰りたがる入居者たち

ドイツのデュッセルドルフという街のとある老人介護施設は、かつてアルツハイマーを患う入居者の失踪に悩まされていました。

すでになくなっているかつての家や亡き家族の元へ帰ろうと施設を飛び出すものの、病気のせいで自分が何をしようとしていたのか忘れてしまい、結果として迷子のようになってしまうのです。そのたびに、施設は警察に通報して捜索してもらわなくてはいけなかったのだとか。

　事態を打開するため、介護施設は地元の介護協会と協力し、バス運営会社にとあることを交渉します。そしてその講じられた「対策」は、予想以上の効果を発揮することになりました。バスの来ないバス停で、心を鎮める老人たちのために、なんと介護施設の前に、バス停の看板を設置したのです。

　けれど、これはあくまでも看板を置いただけのニセモノ。バスが来ることは決してありません。ただし、アルツハイマーという病気のせいで少し前のことを忘れてしまう老人たちも、ドイツ特有の黄色と緑がシンボルカラーのバス停のことはよく覚えています。

　そのため、家に帰ろうとする老人は、施設の目の前にある偽バス停にひとまず腰を下ろすのだとか。そして悲しいことではありますが、老人たちは五分もすると自分たちが何故そこに座っているのかということも忘れてしまうといいます。

　そういうタイミングを見計らって、施設のスタッフが「バスは遅れているみたいですから、中でコーヒーでもいかがですか？」と声をかけると、素直に誘いに応じて中に戻ってくるのです。

　この偽バス停の効果は絶大で、今ではドイツのみならず、ヨーロッパの他国も同じ対策をとるようになっているのだそう。

　入居者の気持ちを尊重する、思いやりのある嘘
　病気の老人たちに嘘をついていることに変わりは無いので、少し残酷に感じるかもしれません。けれど、そもそもこの偽バス停ができたきっかけは、デュッセルドルフの施設のスタッフが「施設を抜け出す人は、バスや電車などの交通機関を使いたがる傾向がある」ということに気付いたから。

老人たちを閉じ込めることなく、その「帰りたい」という意思を尊重する気持ちから生まれた「罪のない嘘」、「思いやりのある嘘」と言えるのではないでしょうか。

「もうあの家は無いのよ」という悲しい現実を言い聞かせられるよりも、バスを待つひとときを幸せな気分で過ごす方が、入居者にとっては幸せなのかもしれませんね。

（出典：TABIZINE・〜人生に旅心を〜）*19

このような事例はいたるところにある。そしてこうした物語―story ではないにしても同様のことが私たちの日常にあふれてはいまいか。問題なのは「うそをついてはいけません」という徳目を子どもに注入するだけではない。仮にその問題を取り上げるならば「人はどうしてうそをつくのか」「ついていいうそや、よくないうそはあるのか」などがテーマになるはずである。渡辺（二〇一四）は、道徳教材の中にあった「イソップ童話　おおかみと少年」を分析し、「問われるべきは、ウソをついた子どもではなく、その心をケアすることが出来なかった大人ではないか。しかし、この授業の徳目（主題となるねらい）は『ウソをついてはいけません』であると述べ、これでは「イジメをヤメろという言動〝道徳心〟は育ちようがない。それどころか自業自得論という深い穴に子どもを突き落とす」と批判する。

また徳目主義は「徳目を項目として並べそれを教えること」であるとすれば、並べていないもの、すなわち**徳目から省かれているものに目を向けなければならない**。小学校低学年一九、中学年二〇、高学年・中学校二二ある「内容項目」のどこにも平和、民主主義、人権という項目はない。ないということは道徳科の主要なテーマからオミットされた証左であり、一章で述べた「日本会議」的な特定の思想を忖度することによって除外した疑いも強いのである。

「現代的な課題の扱い」（四章三節6『中学校学習指導要領』）を見ても、生命や人権、自己決定、自然環境保全、公正・公平、社会正義などの文言はあるが、「平和」の文字はどこにもない。平和こそが最も重要かつ主要な現代的課題ではないか。意図的にオミットしたと見るのが妥当であろう。[*20] そして権利よりも義務が再三、強調されていることの意味するものはなんだろうか。ここに徳目主義の重大な問題がある。それは〝必要な徳目は国家が決める〟という問題であり、しかもそれは実質的には、政権党がその時々の都合により決定する（出来る）ことを意味する。徳目主義は、そうした意味で二重三重の問題をはらんでいるのである。

(2) 徳目主義と修身

「特設道徳」と道徳科の実質的な前身である修身科は徳目主義であふれている。その理由は教育勅語が根底にあることと大きく関連している。教育勅語は一九四六年に失効されるまで、天皇制国家維持のための軍国主義教育の支柱であった。

「教育勅語が発布された後は、学校での行事や集会を通じて、国家神道が国民自身の思想や生活に強く組み込まれていきました。いわば、『皇道』というものが、国民の心とからだの一部になっていったのです」（中島・島薗、二〇一五）

教育勅語が出される以前から「修身科」は存在していたが、欧化主義と国粋主義の間で道徳教育は揺れ動いており、方針は一定していなかった。こうした混乱状態は、一八九〇年一〇月三〇日に「教育ニ関スル勅語」が出されたことで一定の決着をみる。翌一八九一年一二月には「小学校修身教科用図書検定標準」が発表され、これに基づいて三年間におよそ八〇種類もの修身教科書が発行されている。ここでの構成はすべて、最初に徳目を掲げ、次にその徳目を具体的に理解させるための例話や寓話が置かれる「人物主義」である。[*21] この書き方は『私たちの道徳』や検定教科書（二〇一七）などに引き継がれ、「特設道徳」発足時（一九五八年）より、道徳テキストの標準となっている。

教育勅語の問題点は『城丸章夫著作集　第九巻「平和教育論」』（青木書店、一九九二）に詳しいが、批判の基本的視点は、人間・社会にとって好ましい（と思われる）どんな徳目が描かれていようが、「一旦緩急アレハ義勇公ニ奉シ以テ天壌無窮ノ皇運ヲ扶翼スヘシ」という**個人よりも国家を前に置く言わば、国家的徳目がゴール（目的）になっていることに尽きる**だろう。城丸は「さらに指摘しておきたいことは、天皇が道徳を明らかにし、その教えを学ぶところに教育の大本があるとすることが教育勅語の根本の主旨であり、戦前の教学中心の思想であり、『国体の本義』もまたこの立場に立っていることである。教育勅語を徳目主義として批判する人が多いが、そしてそれは誤りとは言えないが、道徳が天皇によって制定されるということこそ、この勅語の中心であり、また教育が天皇の教科として存在するということが『国体の本義』なのである」（前掲書、傍点筆者）と述べ、教育の国家化の本質を明らかにしている。城丸の言う「天皇」を「国家」または「（安倍）政権」または「安倍政権を下支えする日本会議のような極右勢力」と置き換えれば、「道徳科」は教育勅語と性質を同じくすることになるのではないだろうか。すでに閣僚や政権与党からは、教育勅語を扱うことに対する肯定的な見解が示されている。[*22] それればかりか、二〇一七年四月には安倍内閣が戦前・戦中に道徳や教育の基本方針とされた教育勅語について、「憲法や教育基本法等に反しないような形で教材として用いることまでは否定されることではない」との答弁書を閣議決定した（これに対しては、いち早く日本教育学会等から批判声明が出されているので、是非読んでほしい）。[*23]

ともあれ一章で述べた「日本会議」系列の識者が一様にこの教育勅語の復権を唱えているのは、必然的でもある。参考までに以下に下村文部科学大臣（当時）の関連発言を掲載する。[*24]

「教育勅語そのものの中身は、至極まっとうなことが書かれている」（下村文部科学大臣〈当時〉二〇一五年四月八日記者会見）

「（戦後の自虐史観教育によって）悲壮感が蔓延《まんえん》した」（『Ｗｉｌｌ』四月号インタビュー）

「東京裁判史観や河野談話、村山談話など日本の近現代史の全てを見直す」（『Apple Town』二〇一二年一二月号）

「（南京大虐殺では）全般的に（死者三〇万人以上の）否定説が掲載されず、かえって虐殺や暴行の事実が強調された」（二〇一二年四月一八日衆院文科委）[*25]

一連の発言は、復古主義的価値観と歴史修正主義が一体となっていることに特徴がある。道徳科については、ここにも注意を払う必要がある。そうした意味で言えば、前節で述べた下村自身による徳目主義批判は、ねじれているものである。しかし、よくよく考えれば、「読み物道徳」を批判し、「考え、議論する道徳」へ「質的転換」をはかるといった場合の質的転換とは単に授業のテクニカルな方法論の転換に過ぎず、文科省はそれをアクティブ・ラーニングという「新しい」言葉で表現しているにすぎない。そもそも、アクティブな性質を内包しない Learning など存在しないのではないか。文科省が言うアクティブ・ラーニングは「学び方」のスキル（技術論）のみを指すものであり、何のためにそのスキルが必要とされるかという観点が抜け落ちているのである。そうでなければ、下村のような発言と両立するはずはない。そうした意味で、道徳科は本質において修身と同じ性質で推進され、その意図が糊塗されているものと言えよう。この問題を実践的な視点からみてみよう。

中学校の実践家である稲垣勝義は「実践記録『私たちの道徳』を授業する」で杉原千畝を取り上げて、子どもたちの討論を組織しアクティブな学びを組織している。[*26] 稲垣は教材にある「命輝かせて〜人間の強さや気高さを信じ生きる」という項目そのものに疑問を持ち、自主教材として再構成する。それは単に杉原千畝の個人的な生き方—言動に焦点化せず、ファシズムに荒れ狂う時代背景について、社会科学を基礎に読み取りつつ、「政府の指示に従うか、ユダヤ人にビザを出すかどうか—君ならどう考えるか」を六時間かけて迫るものであった。日常において道徳科でここまでの労力をかけることは難しいかもしれないが、教師としての良心と誇りにかけて、道徳授業に立ち向かった実践である。

文科省型のアクティブ・ラーニングは稲垣実践とは違い、せいぜい杉原千畝の言動の表象をなぞり「人間の強さや気高さを信じ生きる」ための討論などをすることになるだろう。いやむしろ、杉原千畝が当時の政府の意向に逆らった意味などを問うことなく授業が進められる。検定教科書にも杉原千畝のトピックは取り上げられているがその大半は「人間の気高さ」などを徳目とするものであり、それ以上でもそれ以下でもない。

国家の意志に逆らった人間を「徳」としないのは、当時から最近に至るまで外務省が杉原の行動を認知しなかった系譜に基づく。とするならばそうした授業は戦前の修身が「アクティブ」に蘇っただけにすぎない。本来、学びというのはその中に批判的思考 -critical thinking を有するものでなくてはならない。しかし残念ながら道徳科に導入されるアクティブ・ラーニングは操作的かつ技術論としてのそれである。どんなに子どもたちが、活き活きと活動しようと、その中に批判的思考がなければ真の Learning とは言えないのである。

「特定の道徳的価値を絶対的なものとして指導したり、本来実感を伴って理解すべき道徳的価値のよさや大切さを観念的に理解させたりする学習に終始することのないように配慮することが大切である」（二章二節道徳科の目標『小学校・中学校学習指導要領解説』）そうすべきなのは果たして誰か。文科省はこうしたねじれの中で道徳科を推進しようとしている。

⑶　ニセ科学と徳目主義

佐藤高樹は自身のブログの中で「ニセ科学」の力を借りた徳目主義という論を展開している。[*27] 問題の一例として、ニセ科学をしつけや道徳と短絡的に結びつけた『水からの伝言』に基づいた授業実践事例を取り上げている。

小学校での授業はたとえば以下のように進む。まず、子供たちに「美しい水の結晶」と「壊れた汚い結晶」の写真を見せ、それらが何を撮った物かを考えさせる、次にこれはそれぞれ別の「言葉」を見せた「水の結晶」なのだと教え、その言葉を推測させる。もちろん美しい写真は「ありがとう」、汚い写真は「ばかやろう」である。「『ばかやろう』を見るだけで水はあんなに汚くなってしまうんだね！」ここで先生は話題を変える。「ところで、私たちの体の中にはたくさんの水があります。何％くらいだと思いますか?」正解は約七〇％。私たちは水でできているようなものだと強調して、前半の話と結びつける。つまり子共たちが別の子に「ばかやろう」と言えば、その子の体内の水があの写真のように汚く穢れてしまうというのだ。それは恐ろしいことだから「ばかやろう」のような「悪い言葉」は使わずに、「ありがとう」などの「よい言葉」を使いましょうというのが、この授業の結論になる。

（天羽優子、菊池誠、田崎晴明〈二〇一一〉「『水からの伝言』をめぐって」日本物理学会誌 Vol.66 No.5 掲載）

これはＴＯＳＳ（教育技術法則化運動）と呼ばれる運動に参加する小学校教師の間で広まった実践である。調査では兵庫県西宮市だけで少なくても一四校で授業が行われ、関東地区女性校長会が開いた「平成二〇年度関東地区公立小・中学校女性校長会総会・研修会」や二〇〇七年に出版された小学校の道徳教育のための参考書にも推奨資料として取り上げられている。（天羽ら、二〇一一）

「言葉使いをきちんとしよう」という徳目への自覚を促し、そこに誘導する昔ながらのやり方と言える。元となったコンテンツは『水からの伝言』（江本勝、一九九九、波動教育社）という写真集で、水の結晶である氷に人類へのメッセージが読みとれる、水を氷結させて、水に向かって様々な言葉をかけたり、音楽を聴かせたりしてカメラのついた特殊顕微鏡で撮影すると結晶に変化が表れたという写真を集めたものである。

天羽らは明らかなニセ科学にも関わらず、倖田來未・窪塚洋介・松任谷由美といった俳優や歌手がテレビやラジオで熱狂的に紹介しマスコミでも頻繁に（主として肯定的に）取り上げられるようになったこと、また二〇〇一年には参院文教科学委員会で公明党の松あきら議員が肯定的に紹介していること、現在、写真集は第四集まで出版され、関連書籍やＤＶＤが大手出版社などから数多く発売されていることを挙げてなぜこのようなファンタジー（ないしはオカルト）が人々の間に広まったかについて、物理学の実証を踏まえて興味深い分析をしている。

いずれにしても、これはニセ科学であり、科学的根拠を持たないトンデモ論にすぎない。問題は、この『水からの伝言』が指導者側のリテラシーの低さにより、安易に教育関係者に広まり、道徳の教材となっている事実である。佐藤はこのトピックにおける徳目主義を次のように定義している。

徳目（学習目標）として設定された（特定の価値的観点から抽象した）言葉や概念について、①ある特定の事象・事態を提示し（例、水の結晶の出来具合）、②それを特定の仕方で解釈し、児童生徒に指し示すことで意味を付与する（例、言葉の善し悪しが水の結晶の出来具合に影響する）事態を指す。

そして「その際、その事態をより詳細に把握する作業や、その事態以外の状況と徳目との関連などについては考慮がなされないという特徴がある。あくまで徳目として設定された言葉や概念を、特定の事態の特定の解釈方法から出発して児童生徒に指し示すという事態が徳目主義である（と自分は捉えている）。このような授業では、子どもの思考は思弁的、観念的になりやすい。それだけでなく、ある事象・事態を恣意的に解釈するため、事実との間に齟齬を来す。道徳に科学的根拠を求めれば、当然、その非科学性が批判される」としている。[*28]まさにこれは、結論ありきの徳目主義の典型であり、同時に「ニセ科学の力を借りた徳目主義」である。

また、仮に『水からの伝言』がニセ科学でないとしても、「ばかやろう」のような悪い言葉は使わずに、「ありがとう」などのよい言葉を使いましょうという徳目は正しいものだろうか。

「ありがとう」はよくて、「ばかやろう」は悪いという安直な二分法でよいのでしょうか。誠意のこもらない「ありがとう」よりも愛情をこめた「ばかやろう」のほうがいい場合もあるはず。言葉はそれだけで切り出すべきではなく、「場面」と合わせて初めて意味を持つはずです。[*29]

この指摘は道徳とは何かという根本的な問いを含んでいる。「ありがとう」や「ばかやろう」の中身とその文脈を問うことなしに、その言葉を額面どおりに受け取ることはそもそも正しくない。弱い立場にある級友に「ばかやろう」と言った子どもを単に〝思いやりのない子ども〟と道徳的に評価できるだろうか。関り合いの中で出た「ばかやろう」は、弱い立場にある子どもをいないものとして扱っている子どもたちよりも遥かに人間的な言葉であり、道徳的であるとは言えないだろうか。

河野（二〇一一）は映画「シンドラーのリスト」（一九九四／米）の主人公を例にあげ、やや不良じみた「人の悪い」人物であっても、多くのユダヤ人をナチスの虐殺から逃がしたのであれば、近所にいる秩序を従順に守る「優しい人々」より道徳的に遥かに高度ではないかと述べる。映画「菊次郎の夏」（一九九九／日本）

は両親と生き別れた孤独な少年・正男と、北野武演じる元ヤクザの不良中年・菊次郎が、正男の生き別れになった母親を尋ねるロードムービーである。劇中、菊次郎はたびたび正男に「バカヤロー」と言い、「なにやってんだおまえは」と罵る。しかし、そのバカヤローは正男を卑下し、攻撃するものではない。仮に口調は罵りであっても内実はそうではない。正男への慈愛の念と愛情が込められたものなのだ。〝正しい言葉を使い、礼節を保つこと〟が道徳的生き方であると矮小化するのが道徳科の特徴の一つなのだ。

『水からの伝言』はこうした意味から「ニセ科学（虚偽）の教材化」と「徳目主義」という二重の問題（ある意味典型的な）を含んでいるのである。

さて『水からの伝言』のようなニセ科学が道徳実践とリンクしてしまうのはなぜなのだろうか。まずは**守らせたい徳目が先にあるからであり、守らせる（身につけさせる）ことが目的だからである。それこそが徳目主義の本質と言っていいだろう。**道徳科のこうした体質が最も顕著に表れているのが次に上げる「江戸しぐさ」である。

(4) 江戸しぐさの欺瞞

江戸しぐさは『私たちの道徳　小学校五・六年』掲載「二　人とつながって」(p.58-59) 冒頭のトピック「江戸しぐさに学ぼう」（傍点筆者）として取り上げられている[30]（図5）。

検定教科書（小学校）からは姿を消しているが、『一三歳からの道徳教科書』（道徳教育をすすめる有識者の会編著、育鵬社、二〇一四）には道徳のキーワードとして掲載されている。[31]

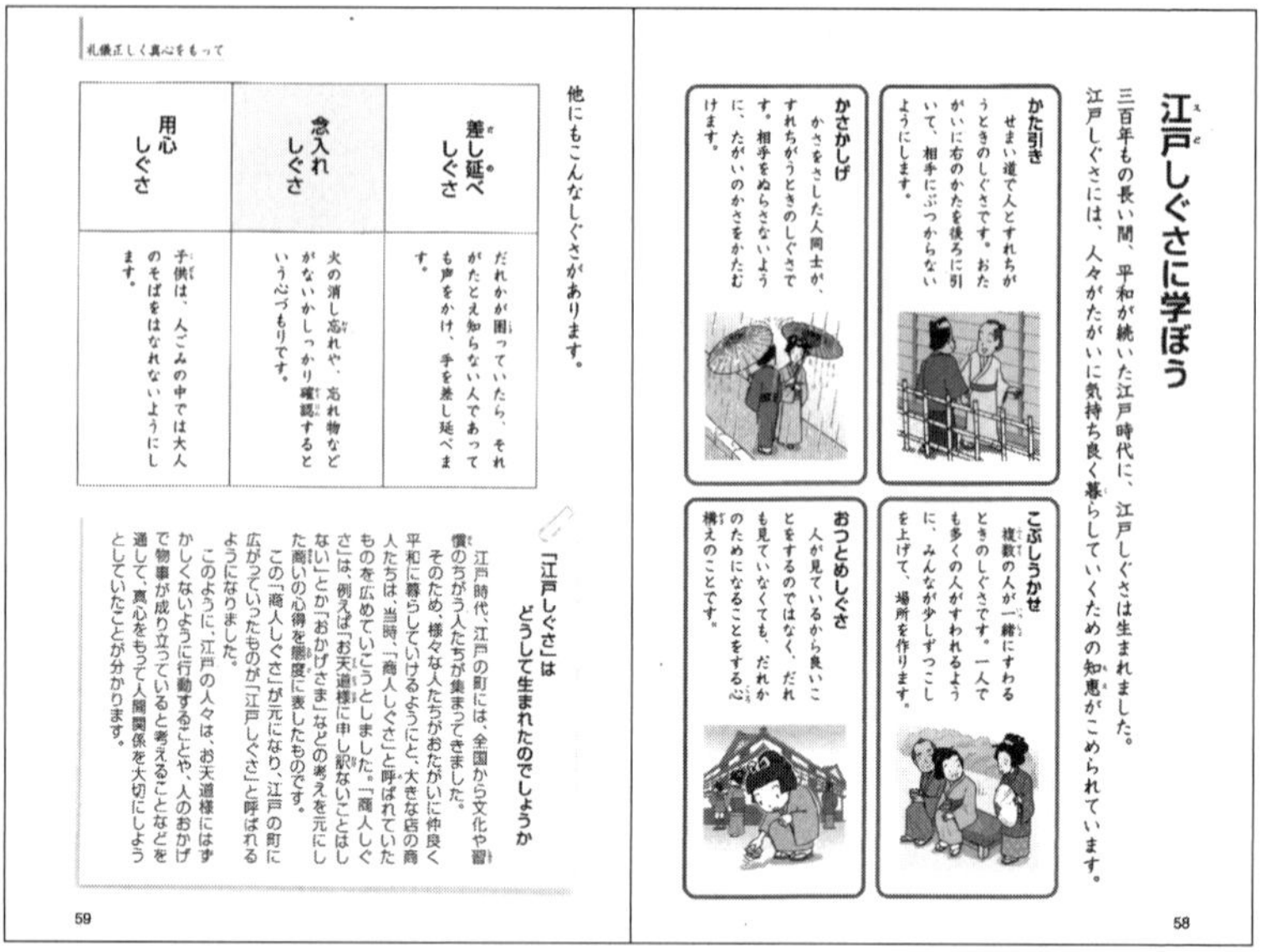

江戸《えど》しぐさに学ぼう

三百年もの長い間、平和が続いた江戸時代に、江戸しぐさは生まれました。江戸しぐさには、人々がたがいに気持ち良く暮《く》らしていくための知恵《ちえ》がこめられています。

かた引き
せまい道で人とすれちがうときのしぐさです。おたがいに右のかたを後ろに引いて、相手にぶつからないようにします。

かさかしげ
かさをさした人同士が、すれちがうときのしぐさです。相手をぬらさないように、たがいのかさをかたむけます。

こぶしうかせ
複数《ふくすう》の人が一緒《いっしょ》にすわるときのしぐさです。一人でも多くの人がすわれるように、みんなが少しずつこしを上げて、場所を作ります。

おつとめしぐさ
人が見ているから良いことをするのではなく、だれも見ていなくても、だれかのためになることをする心《こころ》構《かま》えのことです。

58

礼儀正しく真心をもって

他にもこんなしぐさがあります。

差《さ》し延《の》べしぐさ	だれかが困《こま》っていたら、それがたとえ知らない人であっても声をかけ、手を差し延べます。
念入れしぐさ	火の消し忘《わす》れや、忘れ物などがないかしっかり確認《かくにん》するという心づもりです。
用心しぐさ	子供《こども》は、人ごみの中では大人のそばをはなれないようにします。

「江戸しぐさ」はどうして生まれたのでしょうか

江戸時代、江戸の町には、全国から文化や習慣のちがう人たちが集まってきました。
そのため、様々な人たちがおたがいに仲良く平和に暮らしていけるようにと、大きな店の商人たちは、当時、「商人しぐさ」と呼ばれていたものを広めていこうとしました。「商人しぐさ」は、例えば「お天道様に申し訳ないことはしない」とか「おかげさま」などの考えを元にした商いの心得を態度に表したものです。
この「商人しぐさ」が元になり、江戸の町に広がっていったものが「江戸しぐさ」と呼ばれるようになりました。
このように、江戸の人々は、お天道様にはずかしくないように行動することや、人のおかげで物事が成り立っていると考えることなどを通して、真心をもって人間関係を大切にしようとしていたことが分かります。

59

図5　「江戸しぐさに学ぼう」（私たちの道徳　小学校五・六年）

この「江戸しぐさ」については、既に原田実『江戸しぐさの正体　教育をむしばむ偽りの伝統』（星海社新書、二〇一四）などによって、偽史であり、オカルトであり、現実逃避の産物として生み出された捏造であることが論証され、広く報道もされている。

「江戸しぐさ」を創作したのは高校教員や雑誌編集長を務めたとされる芝三光である。彼は日本人や社会のモラル低下を嘆いていた。現状を否定し「昔は良かった」とばかり「ユートピア」を過去に求めた結果、道徳が優れている「想像上の江戸時代の人々の風習＝江戸しぐさ」を生んだ。
（「それホンモノ？『良き伝統』の正体」二〇一六年一月二五日、毎日新聞・東京夕刊掲載）

「江戸しぐさ」は「水からの伝言」と性質を

同じくするニセ科学と言っていいだろう。そうしたトピックを文科省が発行し全国の小中学校に配布している『私たちの道徳』に掲載されたこと自体が倫理的問題を含んでいる。しかし、それ以上に問題なのは、以下にあるように、文科省は様々な批判を浴びながらも、改訂作業の中で差し替えをしなかったという事実である。以下は、石戸（二〇一六）がここまで批判が強い江戸しぐさをなぜ残すのか。担当する教育課程課に試みたインタビューである。[*32]

――江戸しぐさには批判も強い。なんでわざわざ取り上げるのでしょうか？
担当係長「時と場をわきまえて、礼儀ただしく真心をもって接することを考える教材として取り上げています」

――江戸しぐさ自体が創作物だという批判がありますが。
「批判があることは知っていますが、今回の改訂では教材に追加する部分を議論しています。基本的に、既存部分はそれまでと変えていません」

――教材を読むと、江戸しぐさそのものが事実であるとしか読めないように描かれています。批判があることを知っているなら、このような書き方をすべきではないのでは？
「道徳の教材は江戸しぐさの真偽を教えるものではない。正しいか間違っているかではなく、礼儀について考えてもらうのが趣旨だ」（傍点筆者）

——見直すべきではないでしょうか？

「既存の部分は見直す必要がないと判断している」

——事実でない教材で、礼節を教えるのは根本的にダメなのではないでしょうか。

「繰り返しになるが、道徳の時間は江戸しぐさの真偽を教える時間ではない」（傍点筆者）

教育が社会科学の一領域であることは自明の理である。しかし、ここで見られる（道徳科を推進している）文科省担当者の姿勢はそうではない。歴史的に真偽が明らかで、虚偽であることがわかっているものを「三百年もの長い間、平和が続いた江戸時代に、江戸しぐさは生まれました」と述べることは社会科学に対する冒瀆である。それを知っていながら、掲載を見直さないこと―教育行政の中核にこうした考えを持つ人が存在することと自体が驚くべきことである。しかし、これはインタビューに応えた担当官の個人的思想なのだろうかと言えば決してそうではない。ここにこそ、道徳科の徳目主義の問題性が表れているとみるべきである。「正しいか間違っているかではなく、礼儀について考えてもらうのが趣旨」という答えの中にそれは凝縮されている。

徳目主義は「守らせたい徳目が先にあり、守らせる（身につけさせる）ことが目的」（再掲）なのであり、その目的のためならば、真実はどうでもいいということである。換言すれば、手段のためには、インチキでも虚偽でも構わないということであり、それは恐るべき「反知性主義」（内田、二〇一五）である。内田によれば、反知性主義者の最大の特徴は、少し時間と手間をかければ根拠がないことが露見する話を自信たっぷりに語ることだと言う。とすれば、かの担当官の姿勢はそれですらない悪質な開き直りと言うこともできるだろう。

そもそも文科省は従前よりPISA型読解力向上力を推進する方針を打ち出している。[*33] この問題に関して天野（二〇一三）は、PISAが目指しているものの本質は「『知識や技能』を現実の社会において発揮し、その際、エビデンス（根拠）に基いて深く考えることを最重視」していると分析する。明らかにエビデンスがない、または間違っていることを従来教科の中で取り上げることなど全く考えられないにも関わらず、道徳科の中ではそれが許容されている。これはどういう意味を持っているのだろうか。その意味は、道徳科自体が学際的エビデンスを無視し、無理やり「成立」させている教科ということであり、道徳科に関する混迷の主要因の一つはここにあるということである。

果たして、「道徳」の時間とは何なのだろうか。石戸の記事が掲載されたネット、そこに書き込まれたいくつかのコメントA〜F[*34]は、その問題を解く鍵になる。

A　「礼儀などの〝いい事〟を教える目的であれば、嘘は許容されるのか?」って、面白い道徳的課題なので、むしろ江戸しぐさ自体よりも「江戸しぐさ問題」を載せた方がいいと思う。
B　一度偉い人が決定してしまうと変更が効かない「大人の都合しぐさ」として子供達のいい教材に。
C　この「過去に先輩が行ったことを間違いと認めて修正すると死ぬ病」は、日本の官僚組織の病気の中でも相当ひどいものだと思ってる。
D　目的のためには嘘をついてもかまわないという価値観で育った子ども、AO入試に強そう。
E　存在しないものを、あったと嘘をつく人に礼儀を説かれることが、果たして道徳なのでしょうか。

あったと嘘をつかないと成立しない教材から、礼儀は学べないと思います。

F　道徳の時間は「嘘も方便」を教える時間なんでしょう、きっと。

匿名の投稿ゆえのシニカルさはあるものの、これら短文の中に批判の本質が表れている。ＢＣＥは主に大人サイドの道徳観を問うものであり、ＤＦはこのような「道徳」で育つ（育てようとする）子どもの問題である。道徳科における徳目主義は、ニセ科学をも「守るべき徳目」のひとつとする道徳における歴史修正主義とも言えるだろう。そこに働くメカニズムは、現状を否定し過去を美化する復古的な思想である。怖いのは、そうした過去を忘れ、今あるものを「これが日本の伝統だ」「昔からそうだった」、そして「だから日本人は昔から優れていた」と思い込むこと。これは非合理的な思考であると同時に、他国を見下す思想につながることである（山岸、二〇一六）[*35]。

この問題は次節で述べる「偏狭なナショナリズム」「愛国心教育」とも深く関わっている。

4．偏狭なナショナリズム

道徳科には偏狭なナショナリズムという問題が含まれている。ナショナリズムの解釈については、膨大な文献と先行研究があるが、本書においては、以下の坂本・中村（二〇〇八）の定義を基軸として論じる。[*36]

人が政治的共同体、特に国家に帰属していると感じ、帰属しようと志向する感情、あるいは、人が帰属する対象として、他のものより国家を優先させるイデオロギーや運動

ナショナリズムは愛郷心 provincialism と意訳することも出来る。自分の生まれ育った地域に対する親和的感情は自然なものである。そうした感情が政治的意志となりナショナリズムが一面で「独立や民族解放運動など、多くの民族が政治や文化の主体となる契機となった」（坂本ら、二〇〇八）という側面もある。中島ら（二〇一五）は初期のナショナリズムの大きな政治的表れはフランス革命とし「フランスはフランス人民のもの」というナショナリズムによって絶対王政を倒して、民主的な国民国家を作りあげたとし、ナショナリズムを右派の思想に還元するのは難しいとしている。坂本や中島らの主張はナショナリズムが必ずしも復古的保守的なものではなく、むしろ社会変革を目指す革新的な性質を持つものであることを示している。しかし現代において右派勢力に絡め取られたナショナリズムは閉鎖的で「偏狭なナショナリズム」と呼べるものである。国際紛争や民族対立を惹起し、直接的暴力や文化的暴力を伴い国内の自由な政治論議が抑圧されることもある。教育の現場においてはエスノセントリズム―自文化中心主義につながることもままあり、そ

れに対置する、寛容かつ「開かれたナショナリズム」を道徳科に引き寄せながら、検討することにしよう。

(1) ナショナリズムを語る「話者」

『私たちの道徳　中学校』には「(9)国を愛し、伝統の継承と文化の創造を」(p.206-207) という項目がある。(図6)

日本には四季があり、美しい風土がある。
先人たちは、
これらに合った生活様式や文化、産業などを生み出し、
我が国を発展させてきた。
これらを受け継ぐとともに、
日本人としての自覚をもって、この国を愛し、
その一層の発展に努める態度を養っていきたい。

また、日本の伝統と文化は、時代や国境を越え、
海外からも高く評価されている。

現代に生きる私たちは、
日本の伝統と文化のすばらしさを知り、
その良さを受け継いだ上で、
新たな文化を創造し、
誇りをもって
世界の人々にも伝えていきたい。

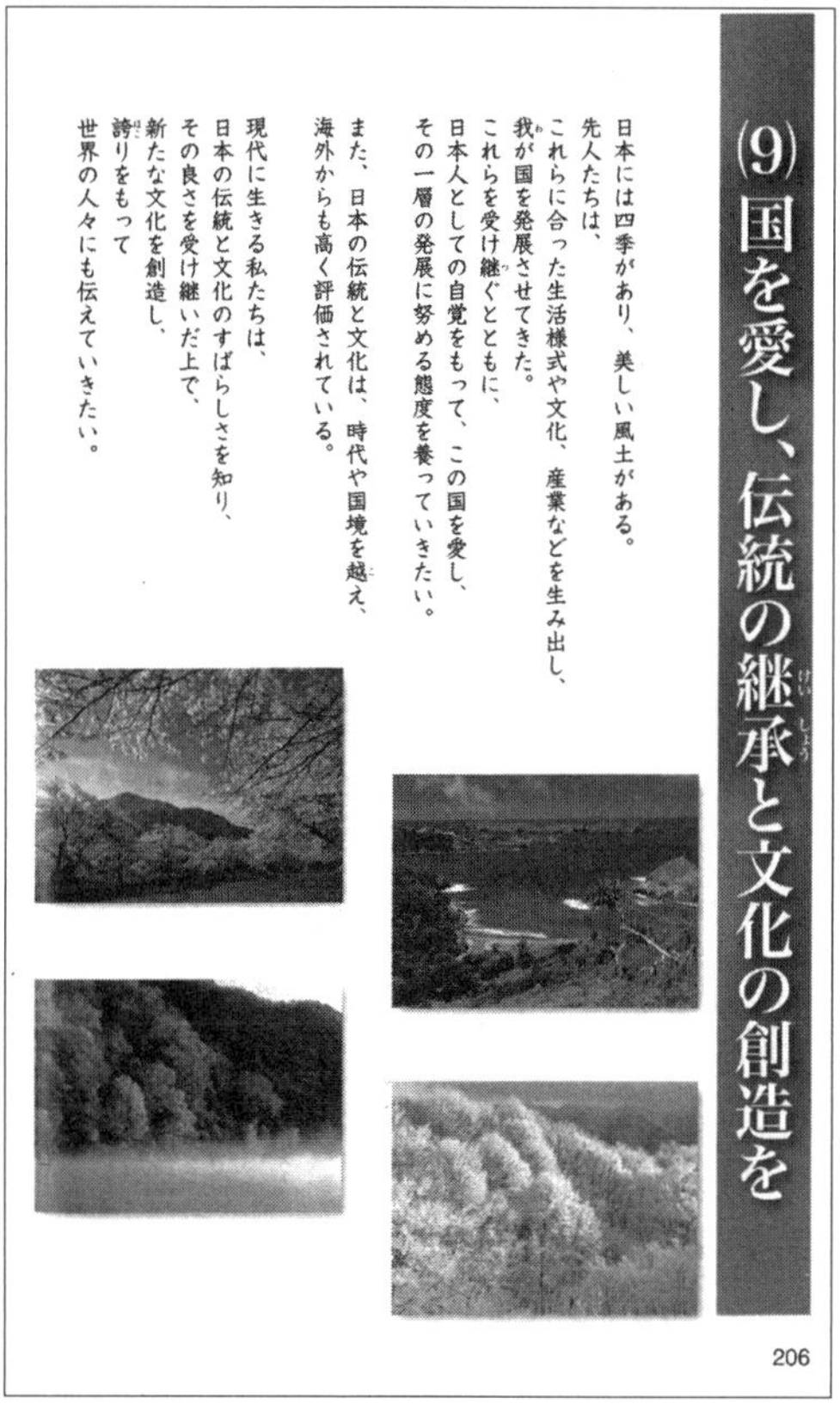

⑼国を愛し、伝統の継承《けいしょう》と文化の創造を

日本には四季があり、美しい風土がある。
先人たちは、
これらに合った生活様式や文化、産業などを生み出し、
我《わ》が国を発展させてきた。
これらを受け継《つ》ぐとともに、
日本人としての自覚をもって、この国を愛し、
その一層の発展に努める態度を養っていきたい。

また、日本の伝統と文化は、時代や国境を越《こ》え、
海外からも高く評価されている。

現代に生きる私たちは、
日本の伝統と文化のすばらしさを知り、
その良さを受け継いだ上で、
新たな文化を創造し、
誇《ほこ》りをもって
世界の人々にも伝えていきたい。

206

図6　「⑼国を愛し、伝統の継承と文化の創造を」
（『私たちの道徳　中学校』）

これは「児童生徒の道徳性を次の四つの視点」（文科省）の中の主に④にあたるものであると同時に道徳科の中に全面的に貫かれている教育観でもある。

① 主として自分自身に関すること
② 主として他の人とのかかわりに関すること
③ 主として自然や崇高なものとのかかわりに関すること
④ 主として集団や社会とのかかわりに関すること

「小・中学校において指導する道徳の内容」

これは新学習指導要領（平成二七年）によって、以下のように変更されており、その配列については「生命に対する畏敬の念」を最後にすえ道徳性をここに束ねている。

A 主として自分自身に関すること
B 主として人との関わりに関すること
C 主として集団や社会との関わりに関すること
D 主として生命や自然、崇高なものとの関わりに関すること

テキストの最後に記載されていることから、道徳科のゴールがここにあると言ってもいいだろう。このト

ピックは「戦後レジームから脱却」や「美しい日本を取り戻す」などのメッセージが聞こえてくるものであり、道徳科の裏の顔（一章⑷）と通底する。

まず「日本人としての自覚をもって、この国を愛し、その一層の発展に努める態度を養っていきたい」という記述をどう読むべきなのだろう。そもそも「この国を愛し、養っていきたい」という箇所の話者は誰なのだろうか。『心のノート』そして『私たちの道徳』はこうした話者を曖昧にした書き方がひとつの特徴である。素直に読めば話者は「わたし」である。そうしてみれば、『心のノート』とは「私の心のノート」であり、そんな書き方ではあまりにもストレート（押し付け）すぎるので「私」をとっていたものが、道徳科の設置に伴いバージョンアップさせる必要から『私たちの道徳』になったと考えられる。

『心のノート』の hidden word が「私の」だとすれば、今回は「私たちの」と複数形になっていることにも注意を払いたい。私から私たちへの変化は、より日本人としての民族的属性を明確にし、日本人集団―日本国家の一員として生きることを強調したものである。真の話者は「私」ではなく「国家」である。「あなたたちは日本人としての自覚をもって、この国を愛し、その一層の発展に努める態度を養いなさい」。こう読めば、話者を曖昧にした、ある意味不思議な書き方をしている理由も腑に落ちる。

例えば、曽野綾子は「良き国際人であるためには、良き日本人であれ」（育鵬社『社会科公民』掲載のコラム、二〇一五）の中で「人は一つの国家にきっちり帰属しないと、『人間』にもならないし、他国を理解することもできないんです」と述べている。[＊37]

【理解を深めよう】よき国際人であるためには、よき日本人であれ

私は母校の聖心という学校で「日本人」というものを徹底して教えられました。講堂でお辞儀の仕方をよく練習させられたものです。大学生のとき、アメリカに留学していた先生がすっかりアメリカ風になって帰国されて、その先生とドアの前で一緒になったんですがね。先生が「どうぞ」っておっしゃるの。レディファーストですね。私たちは男性優先と習っていますから「いえいえ、どうぞ」と言ったんだけど「いえいえ、どうぞ」と譲らないの。私は気が短いものだから「では」と言って先に廊下に出ちゃった。そうしたらイギリス人のお年寄りのシスターが見ていたらしく、すごく叱られた。彼女らが言ったのは「To be international, be national」ということでした。つまりよい国際人になろうと思ったら、まずその国の人として立派になりなさいと教えられたんです。

人は一つの国家にきっちりと属しないと「人間」にもならないし、他国を理解することもできないです。「地球市民」なんていうものは現実的にあり得ない。むしろそれぞれの違いを承認して、相手が困ったときに手助けをするとか、違いを超えて相手を受け入れられる人がインターナショナルということだと思います。

（三浦朱門・曽野綾子著〈二〇〇九〉『夫婦口論』育鵬社）

曽野は二〇一三年一月より教育再生実行会議の委員であり、同会の第四次提言（平成二五年一〇月三一日）の執筆に関わっている。つまりこうした傾向は偶発的に生まれているものではなく一章で述べた日本会議的な復古主義・ナショナリズムと明確につながっているのである。話者を曖昧にするのは、むき出しのナショナリズムが露呈しないためであろう。道徳科推進派が描いている国民像はまさに国家としての威信を高める

パーツと言えるのではないか。もうしばらく、この点について考察を続けよう。

(2) 愛国心の正体

『私たちの道徳』に戻ろう。このテキスト「日本人としての自覚をもって、この国を愛し」を上書きすれば「日本人としての自覚をもって、この国を愛しなさい」である。一般的にはこれを愛国心と呼ぶ。前述したように、愛郷心provincialismの発展形としての愛国心（親和的感情）は自然なものである。しかし、ここにあるのは、自然の内に湧き上がるものではなく、外から強制されるものである。伊藤哲司（二〇〇五）は『心のノート　小三・四年』を分析する中で「社会や国家は敬愛すべき対象であって、批判するなんてことがあってはならない」というメッセージが底流にあると指摘する。

愛国心が、外から強制される時、それは偏狭なナショナリズムに変質する。戦前の日本やドイツに典型的に見られるように、そこにあるのは国民の前に国家が存在する社会的システムである。曽野（二〇一五）の言う「国家に帰属しないと『人間』にもなれない」という論理はそれであり、「『地球市民』なんていうものは現実的にあり得ない」という主張はまず国家ありきという姿勢を表している。「道徳教育は、人が一生を通じて追求すべき人格形成の根幹に関わるものであり、同時に、民主的な国家・社会の持続的発展を根底で支えるものでもある」（一章1　改訂の経緯『中学校学習指導要領解説』）という記述もまた、（道徳教育された）人間は国家社会を支える人的資源であるというロジックである。

この『愛国心』は民族や人種といった属性や国家という枠組みを第一義にする偏狭なナショナリズムと容

易に結びつく。それればかりか国家間の軍事的対立に結びつきやすい性質を持つ。結果として、排外主義に勢いをつけ、レイシズムの温床にもなりうるのである。

イギリスの哲学者バートランド・ラッセルは「愛国者に満ちあふれた世界は、紛争に満ちた世界になるだろう」という言葉を残している。[*38] ナチスの中心として第二次世界大戦の軍事戦略を指揮し、ヒトラーの後継者と呼ばれたヘルマン・ゲーリングの証言はラッセルの言葉を皮肉にも証明する。「国民は戦争を望まない。しかし決めるのは指導者で、国民を引きずり込むのは実に簡単だ。外国に攻撃されつつあると言えばよい。それでも戦争に反対する者を、愛国心がないと批判すればいい」(ヘルマン・ゲーリング、ニュールンベルグ国際軍事裁判における証言[*39]) そして、愛国心を強制する国家に強烈な抵抗の意志を示したチャーリー・チャップリンの言葉がいまリアリティを持って思い出されるのだ。「私は祖国を愛している。だが、祖国を愛せと言われたら、私は遠慮なく祖国から出てゆく」

(渡辺雅之〈二〇一四〉『いじめ・レイシズムを乗り越える「道徳」教育』高文研、p.65-66)

チャップリンの言葉は、愛国心を否定するものではなく、外から強制される時にそれが本来のものとは変質する危険性を問うたものである。道徳科は話者を曖昧にすることによってその強制性を緩和しているにすぎない。

そして「日本の伝統と文化は、時代や国境を越え、海外からも高く評価されている」「現代に生きる私たちは、日本の伝統と文化のすばらしさを知り、その良さを受け継いだ上で」という記述をどうみるべきだろうか。なぜこれほどまでに、「日本の素晴らしさ」を道徳科の中で強調しなければならないのだろうか。自分で自分を評価することはあってもいいだろう。それによって自国に誇りを持つことが出来るという理屈もわからなくはない。

しかし、こうした発想は愛国心をことさら強調する「愛国ポルノ」[*40]と同質である。書店には日本社会や文化を礼賛する本が並び、テレビでは「世界の村で発見！　こんなところに日本人」（ABC朝日放送制作、テレビ朝日系列）、「とっておき日本　外国人が見つけた素晴らしい日本の街」（TBS系）、「なんでもワールドランキングネプ&イモトの世界番付」（日本テレビ系）、「和風総本家」（テレビ東京系）などが目白押しである。またこうしたコンテンツはインターネット上にも溢れている。それらをことさら好むのは、安田（二〇一四）が分析した通り、一章「安倍晋三演説」の場で、日の丸の小旗と旭日旗を振り回した人たちと層的に重なる「ネット右翼（ネトウヨ）」と呼ばれるクラスター（階層）であることにも注意を払うべきである。

近代演劇の確立者として知られるアイルランド出身の劇作家バーナード・ショウ（一八五六―一九五〇）は「愛国心とは自分が生まれたという理由で、その国が他よりも優れているという思い込みのことである」[*41]と言う言葉を残している。冒頭の「日本には四季があり」という記述も、あたかも〝日本にしか（美しい）四季はない〟と言わんばかりの書き方である。本来の意味での愛国心とは、ヴァイツゼッカーが示したように、自国の歴史を虚心坦懐に見つめ、その負の側面をも明らかにする中で育まれるものではないだろうか。

問題は過去を克服することではありません。さようなことができるわけはありません。後になって過去を変えたり、起こらなかったことにするわけにはまいりません。過去に目を閉ざす者は結局のところ現在にも盲目となります。非人間的な行為を心に刻もうとしない者は、またそうした危険に陥りやすいのです。

（リヒャルト・フォン・ヴァイツゼッカー　永井清彦訳〈二〇〇九〉『新版　荒れ野の四〇年　ヴァイツゼッカー大統領ドイツ終戦四〇周年記念演説』岩波ブックレット、No.767　p.11）

しかし、『私たちの道徳』にあるのは、盲目的に「日本の伝統と文化のすばらしさを知り、その良さを受け継ぐ」ことである。日本が犯した侵略戦争など過去に対する言及や反省はなく、現状をただ肯定するのみである。こうした傾向は教科書検定において付けられた修正意見によってより明確になった。

「しょうぼうだんのおじさん」という題材で、登場人物のパン屋の「おじさん」とタイトルを「おじいさん」に変え、挿絵も高齢の男性風に（東京書籍、小4）▽「にちようびのさんぽみち」という教材で登場する「パン屋」を「和菓子屋」に（同、小1）▽「大すき、わたしたちの町」と題して町を探検する話題で、アスレチックの遊具で遊ぶ公園を、和楽器を売る店に差し替え（学研教育みらい、小1）――。

いずれも文科省が、道徳教科書の検定で「学習指導要領の示す内容に照らして、扱いが不適切」と指摘し、出版社が改めた例だ。おじさんを修正したのは、感謝する対象として指導要領がうたう「高齢者」を含めるためだ。文科省は「パン屋」についても、「パン屋がダメというわけではなく、教科書全体で指導要領にある『我が国や郷土の文化と生活に親しみ、愛着をもつ』という点が足りないため」と説明。「アスレチック」も同様の指摘を受け、出版社が日本らしいものに修正した。

（「教科書検定　強まる国の声」二〇一七年三月二五日、朝日新聞朝刊掲載）

「戦後政治からの脱却」という文脈で不都合な事実を否認し、その否認によって生じた心的現実を本当のことだと思いこむようになる考えは「虚偽意識」である。戦後日本人が「永続敗戦状態」にあり、安倍首相の言う「戦後レジームからの脱却」は虚偽性に満ちており、新しい社会建設とは真逆な方向である（白井、二〇一六）。

マハトマ・ガンジーは、七つの社会的大罪として①原則なき政治②道徳なき商業③労働なき富④人格なき学識⑤人間性なき科学⑥良心なき快楽⑦献身なき信仰を掲げたことで知られているが「わたしにとって愛国心は人類愛と同一である。わたしは人間であり、人間的なるが故に愛国者である」という言葉を残している。私たちがもし愛国心を語るならばこうした文脈のものでなければならない。しかし、ここでもう一つ考えなければならない点が浮かび上がる。

(3) 民族主義的愛国心

『私たちの道徳』には「日本人としての自覚をもって、この国を愛し、その一層の発展に努める態度を養っていきたい」と書かれ、さらに「我が国を愛し発展に努めること」（前掲書、p.209）とある。そこにはアンケートデータ「内閣府　第八回世界青年意識調査　平成二一年」が収録されている。日本と、韓国・アメリカなど諸外国と比較するもので結果は以下のようになっている。

・自国人であることに誇りを持っている（八一・七％　一位）
・自国のために役立つと思うようなことをしたい（六三・九％　一位）
・自国（日本）で誇れるもの（一位　歴史や文化遺産五九・四％）

この結果であれば、何もことさら「国を愛する心」を育成しなくても良さそうなものだが四章の最後は「⑽日本人の自覚をもち世界に貢献する」で締めくくられている。そして「世界の人から信頼され尊敬されるために、私たちにはどのようなことが求められているのだろう」という記述欄が設けられている。やはり文科省としては何が何でも日本人としての自覚と誇りを（もっと、さらに強く）持たせることが道徳科のゴールだと考えているのだろう。しかし、日本の学校で学ぶ子どもたち全員が日本国籍を有しているわけではない。

日本には中長期在留者およそ一七六万人と、歴史的経緯に由来する特別永住者およそ三六万人のあわせて二一二万人あまりの外国籍住民が居住している。また、日本国籍の民族的マイノリティとして、アイヌ系住民約二万四千人（北海道環境生活部二〇〇六）、帰化したコリアンとその子孫五〇万人以上（金敬得、一九九五／二〇〇五）なども居住している。様々な国籍・民族の住民が平和に共存できるか否かは、しばしば単一民族国家と呼称されることが多い日本にとっても、重要な課題である（高、二〇一五）。

平成二四年五月の調査によれば、公立の小・中・高等学校等に在籍している外国人児童生徒は、約七万二千人である（文科省「学校基本調査」）。文科省はこうした現状をどうとらえて、道徳科を推進しようとしているのだろうか。

「11公正、公平、社会正義」の項目には「正義と公正さを重んじ、誰に対しても公平に接し、差別や偏見のない社会の実現に努めること」という記述がある。

自分と同様に他者も尊重し、誰に対しても分け隔てなく公平に接し続けようとすることが重要である。人は他者との関わりにおいて生きるものである。それゆえ、よりよく生きたいという願いは、差別や偏見のない社会にしたいという思いにつながる。

よりよい社会を実現するためには正義と公正さを重んじる精神が不可欠であり、物事の是非を見極めて、誰に対しても公平に接し続けようとすることが必要となる。また、法やきまりに反する行為と同様に、自他の不公正に気付き、それを許さないという断固とした姿勢と力を合わせて積極的に差別や偏見をなくす努力が重要である。

（三章二節　内容項目の指導の観点『小学校・中学校学習指導要領解説』）

ここに書かれていることは、ポリティカル・コレクトネスの典型であり、この論理自体に異論を唱える人はいないであろう。しかし、問題は「日本人としての自覚をもって」を学ぶ教室にすでに日本人でない児童生徒が存在することであり、それに対する配慮がまったく見受けられないことである。これはある意味〝郷に入れば郷に従え〟という同化主義である。「日本人として」を強調される教室の中で学ぶ外国籍の子どもたちはどこに身を置けばいいのだろうか。これはダブルスタンダードそのものではないか。

日本人であることをことさら強調するのは一種の民族主義的愛国心の喚起であり、結果として排外主義とレイシズムを惹起する。これはエスノセントリズム（自文化中心主義）であり、この克服こそが問われなければばならない。例えば、街頭やネットにおける醜悪なヘイトスピーチの蔓延である。高（二〇一五）は『レイシズムを解剖する　在日コリアンへの偏見とインターネット』（勁草書房）の中で、ネットに蔓延するヘイトスピーチの出自について「新旧　二つのレイシズム」という枠組みで分析しているが、その底流には「在日コリアンについて露骨に侮辱的な言及を行うことは〝行儀が悪い〟もの」であるという社会規範が完全に崩壊したことがあると述べている。確かに、ヘイトスピーチは私たちの暮らす社会の公平性—fireness を大きく損なうものであり、社会における道徳的基盤の水準を引き下げるものと言えよう。

　多国籍、他民族への配慮が欠けた空気が日本社会のスタンダードになりつつあるとすれば、道徳性の教育はそれに挑まなければならない。しかし、私たちの道徳や検定教科書の記述はそれにコミットするどころか逆立ちしたものになっているのである。

　自由と民主主義は人権とともにある。〝外国人の人権は無視されても仕方がない、外国人の人権は日本人の人権とは違うのだ〟そうした考えは、いずれ日本人自身にとっても落とし穴になり社会の人権意識を限りなく摩耗させていくだろう。結局私たちの社会の人権意識のレベルを下げ、マジョリティである日本人の首を締めることにつながりかねない。

　ところが、内容項目の指導の観点　二二項目（『学習指導要領』再掲）の一八番項目には以下のように記されている。

⒅他国の人々や文化について理解し、日本人としての自覚をもって国際親善に努めること

道徳科においては、（どこまでいっても）他国の人々や文化は〝理解してあげる〟対象なのである。国際理解教育、異文化コミュニケーション、多文化共生という概念が学校（社会）教育の分野に取り入れられて久しい。それによって異なる文化への理解が進み、外国人との友好的な関係が築かれている一方、その多くは「同化主義[*42]」もしくは「適応主義」に陥っている疑いがある。いわゆる「ガイコクジン」とうまくやる、理解してあげるといった傾向が強くないだろうか。道徳科もその傾向を強く帯びたものになっていると言えるだろう。次の大平（二〇一五）の指摘はこうした傾向に対する実践的な答えのひとつとなっている。

朝日新聞が今年四月に発表した「憲法世論調査」では、「愛国心は、学校で教えて身につけさせるべき」とするのが三八％にとどまり、「個々人にまかせればよい」とする方が大きく上回り五五％になっているのが実態です。「愛国心」の議論ではオリンピックでの「日の丸」と侵略戦争での「日章旗」が論争の対極にあるが、未来を生きる子どもたちが誇れる「愛国」の気持ちをもつためにも、かつて「愛国心教育」のもとで悲惨な戦争を誘導してきた事実に蓋をしてはならない。NHKの朝ドラ「おひさま」や「ごちそうさん」なども戦時下の実態を学ぶ一つの教材になるだろう。[*43]

（大平勲「揺れ動く中学生の内面に届くのか～『私たちの道徳』（中学校編）～」季刊『ひろば・京都の教育』第一七八号掲載）

そもそも、道徳性の根幹は異質な他者と平和的に共生していくところにある。「他者への寛容性と自律性の承認は現代社会における極めて重大な道徳的価値の実現」（河野、二〇一一）である。しかし、今後予定されている道徳科は果たしてそれに道を開くものになりうるのだろうか。従前の道徳教育を止揚するものではなく、さらにそうした傾向を強める可能性は高い。さて、この節で論じてきた問題はさらにもう一つの課題を導く。

5. 家父長制とパターナリズム

教育と医療はパターナリズム[*44]の性格が強く、それに傾斜しやすい性格を持つ。道徳教育はとくにその傾向が強くでやすいものである。『私たちの道徳　中学校』掲載「(六) 家族の一員としての自覚を」(p.180) には「家族は、最も身近な共同体である。一緒に生活をし、食事や身の回りの世話をしてくれ、私の心と体を育ててくれた」「自分を育ててくれた家族に感謝し、自分が築きたい家庭を思い描きながら人生を歩んでいきたい」という一節がある。すでに述べたように「心のノート・私たちの道徳」では、こうした話者を曖昧にした書き方が特徴であるが、家族はこうであるべきという理想の家族像を描いてそこに誘っていることは疑いがない。

「おばあゃんのおせち」(『かがやけ　みらい　三年生』学校図書) には、おばあちゃんが手作りしたおせち料理を前に、父親が上座、母親や子どもたちが周りに座っている様子が描かれている。

図7　現在の教科書（イメージ）

一月一日
明けましておめでとうございます。みんなでさっそく、おせちりょうりを食べました。

「おいしい！」

本当においしかったんです。

「今年はきりちゃんが手つだってくれたからよ。」

それを聞いて、こうたが右うでをつき上げて言いました。

「来年は、ぼくもやるー！。」

まどの外には、お正月の青空が広がっていました。


（同書、p.104）

図7のような家族像が今後も次々と道徳的に登場することは想像に難くない。そうした上で図8「修身」との類似性を比較検討してみてほしい。

そこには家父長制を基盤とした「家族これよきもの」という発想がある。確かに基礎的集団としての家族の役割は大きく、安心して過ごせる根拠地としての家庭は子

ワタクシ ノ
ウチ ハ、
ミンナ デ
七ニン デス。
ソロッテ
ユフゴハン ヲ
イタダク トキ
ハ、ホンタウ
ニ タノシウ
ゴザイマス。
尋修一
二十二
尋修一
二十三

図8　尋常小学校1年「修身」昭和16年

どもの発達に大きく寄与する。しかし、親密さゆえに息苦しくなったり、近親的憎悪が生まれるのもまた家族という社会の側面の一つである。杉山（二〇一二）は『ネグレクト育児放棄―真奈ちゃんはなぜ死んだか』（小学館）の中で実際に起きた事件を取り上げ、その悲しく複雑な親子関係を描いている。この困難な時代にあって、（杉山がルポしたような事件が起きないように）文科省がよりよき家族像を描きそれを道徳科の教材にしたい意図もわからなくはない。

しかし、問題の本質はそこではない。個人がバラバラにされ孤立を余儀なくされている現実の中で「今の社会での子育てというのは、人類史上最も難しくなっている。」（汐見、二〇〇九）という事実である。つまり（道徳的な）心構えで解決できるものと出来ないものがあるのである。田代（二〇一六）は、すでに家族の形もその機能も多様化し、「パートナーシップ条例」などによって家族基盤も徐々に変化しつつあるということを述べながら、日本の学校教育においては、『心のノート』や『私たちの道徳』に典型的に描かれているように、「血のつながった」両親と子どもといった「伝統的」家族があたりまえのように前提とされてきた。そして性教育でよく扱われる「生命誕生」学習が「母親への感謝」「家族に見守られて」「お父さんとお母さんが愛し合って」などのメッセージが、多様化している家族のリアリティを無視したものになっている現状を問題視する。[*45]

大人・子どもの貧困は戦後最悪の様相を呈しており、その中で家族崩壊とでもいうべき事態はもはや珍しいものではない。奥田・茂木（二〇一五）は『助けてと言える国へ―人と社会をつなぐ―』（集英社新書）の中で、保坂・池谷（二〇一五）は『子どもの貧困連鎖』（新潮文庫）の中でそれぞれ、その深刻な状況を報告している。その中にはとても家族という共同体で育ったとは言えない子ども・大人の姿がある。上記二書には、家庭が離散崩壊しているにも関わらず、行政の援助やケアが不十分ゆえに生活困難に陥った人々が登場する。[*46]さらに、NHKスペシャル「消えた子どもたち」取材班著『ルポ　消えた子どもたち―虐待・監禁の真相に迫る』（NHK出版、二〇一五）には虐待・監禁に苦しむ子どもたちの生々しい姿が報告されている。

教室にそうした子どもがいる（存在）可能性を文科省はどう考えているのだろうか。『私たちの道徳』には、「家族や家庭の役割　家族は私が生まれてからずっと、私の命を守り、深い愛情を育ててくれた。そして家庭は、疲れた自分を癒やしてくれる　かけがえのない安らぎの場所」（同書、p.181）と記され、三世代に渡る六人のにこやかな家族の写真が掲載されている（図9）。また「家ぞくが大好き」（『心のノート　小学校一・二年』文科省、平成二一年、p.80）では病気の子どもを看病する家族や父親と楽しく入浴するイラストとともに「あ

図9　例えばこのような三世代に渡る「理想」的な家族像

なたの　ことを　せかい中で　一番　大じに　思って　くれて　いるんだね」というキャプションがついている。

　崩壊した家庭や実の親でない家庭で育った子どもがいる教室で、教師はこうしたページを読めるのだろうか。どのように扱うのだろうか。これは前節で述べたように、教室にいる子どもたちへの配慮を欠いたものであり、同時に当事者にとってはダブルスタンダードそのものではないだろうか。「ブラッドリーの請求書」(『わたしたちの道徳　三・四年』)は、家族みんなで協力し合って家庭をつくる―家族や母親、子どものあり方についてのロールモデルとなっている。これらの傾向は、検定教科書「四年：家族の一員として」(日本文教出版)、「五年：お父さんのおべんとう」(東京書籍)、「一年：ぎんのしずく」(光文書院)などの教材に脈々と受け継がれている。

　しかし、なぜこうした家族観を強調するのかという問いの答えはシンプルである。本論「4. 偏狭なナショナリズム」で述べた国家観の基盤が家族だからである。曽野(二〇一五)は「国家に帰属しないと『人間』にもなれない」（再掲）と主張したが、国家の基礎単位が家族であるとすれば、曽野の言う国家は「家族」と置き換えられる。

菅野（二〇一五）は日本会議の提唱する六つの理念を「皇室を中心と仰ぎ均質な社会を創造すべきではあるが⑴、昭和憲法がその阻害要因となっているため改憲したうえで昭和憲法の副産物である行き過ぎた家族観や権利の主張を抑え⑵、靖国神社参拝等で国家の名誉を最優先とする政治を遂行し⑶、国家の名誉を担う人材を育成する教育を実施し⑷、国防力を強めたうえで自衛隊の積極的な海外活動を行い⑸、もって各国との共存共栄をはかる⑹」（傍点筆者）と整理している。

ここにある「行き過ぎた家族観」が何を指すのかは明らかではないが、当時、京都府会議員（現・自民党参議院議員）で右派系議員として知られる西田昌司は「子供にゆとりと生きる力を」（中央教育審議会審議のまとめ）にある「すべての教育の出発点は家庭」を引き合いに出して、その重要性を指摘し、週休二日制や育児休暇などの整備と同時に、父親の責任の自覚と企業の協力を呼びかけている。「個人主義の原理を家庭の中にそのまま持ち込めば、家庭が崩壊するのは当然の帰結であります。家庭の回復のためには、まさに行き過ぎた個人主義を是正し、戦後五〇年間封殺されてきた家族主義に代表される伝統的価値観に回帰し、そのバランスをとること」*47という西田の主張は日本会議のものとほぼ重なる。

そして同会議はバックラッシュと呼ばれるジェンダー教育批判を繰り広げ、男女共同参画バッシングでも日本会議系の各種団体が地方議会に請願や陳情を行うと同時に、各地の教育現場で性教育実践への反対運動を展開している。系列の地方議員たちはこれらの反対運動を背景に、議会での質問攻勢にでることで、行政当局や学校現場への介入を強めている（山口、二〇一四）。

道徳科の中にある家族観はこのような流れの中で生まれている。パターナリズムは保護とケアを基調にする装いを伴い、相手のためと言いながらも、当事者の真の利益より、実は自分にとって利益になる方法のことであり、そこには当事者を「劣った者」と見る差別観・強者の奢りがちらついている。教育に引きつけて言えば、「教師は教育するもの、子どもは教育されるもの」という非対称の関係とも言える。[*48]

これは、道徳として表出する家父長制である。言うまでもなく、(同性婚が社会的テーマになっているように)家族の有り様は多様であることが前提である。[*49] こうであるべきというロールモデルを強調することは、多様性を毀損する。

そして、こうした文脈は子どもにだけ向けられているのではない。「(3)家族みんなで協力し合って」(『心のノート　小学三・四年』前掲)には、「次のようなとき、家族はどんなことを思ったのでしょうか。家族に聞いて書きましょう」の項目が設けられ、家族にインタビューする構成となっている。家族にインタビューすることの教育的意味や是非はひとまず脇に置くが、問題なのはその具体例である。

例えば、「わたしが生まれたとき」に対する例示

・生まれてきてくれてありがとう。

・元気に育ってね。

このインタビューを受けた親は、一体ここに何を書けば(答えれば)いいのだろうか。果たしてこれ以外

に何が書けるのだろうか。嬉しいけどこの先、生活していけるか不安だった、保育所は確保できるだろうか―そんな思いを表出することは難しいだろう。そしてまた重い障害を持った子どもの親に聞いたらどういう答えが返ってくるのだろうか。それらは勿論、筆者が類推する必要はないし、することも出来ない。なぜならそうした「思い」は通り一遍でなく置かれた環境や状況によってそれぞれだからである。ところが、道徳科というのはこうした多様性を認知しそれを社会基盤とする方向ではなく、一定の家族像を親にも求めるものになっていることに注意を払わなければならない。文科省はすでに『私たちの道徳』を道徳の時間はもちろん、家庭や地域においても活用することをアピールしてきた。

『私たちの道徳』について「『道徳の時間』はもちろん、学校の教育活動全体を通じて、また、家庭や地域においても活用することが期待されます」（文科省HP）[*50]

しかし、もともと地域社会そのものが子どもの育つ場であり、育てる人間関係があったが、それが子育ての半分を支えていた時代はもう喪失し、その中で、子育てがうまくいかずにイライラして「キレる親」が出現している。そうした親もまた「道徳的なまなざし」から生み出される自己責任論に苦しんでいるのである。[*51]新検定教科書には、後述する「かぼちゃのつる」のように自業自得論がヒドゥン・カリキュラムになっている教材が多い。そして道徳教育に熱心な学校においては「親子道徳の日」を設け、道徳教材を親子で読み合い報告レポートを提出する試みなどが行われている。例えば、埼玉県A市では「心キラキラＤＡＹ我が家の話し合い報告」という学校通信が出され、親のコメントが掲載されている。これらは、親たちの苦しみに応えるものにはならないどころか、その苦悩をいっそう深いものにするだろう。
そしてこの問題は共生社会をつくるために存在するもう一つの重要な課題とつながっているのである。

6．多文化共生（社会）の文脈—Diversity（多様性）の教室

引き続き『私たちの道徳　中学校』を見ていくことにしよう。「(4)異性を理解し尊重して」（同書、p.66-67）では男女の協力や尊重がうたわれ、「思春期のまっただ中、小学校の頃とは違った意識で、互いを見始め、気になって仕方がないこともある」と書かれている。そして、「異性のここが好きだ」「異性のここが嫌だ」に続いて「好きな異性がいるのは自然なこと」（p.68　図10）という項目がある。

「好きな異性がいるのは自然なこと」なのだろうか。筆者が言うまでもなくこのような性教育の視点はリレーランナーに例えれば、何周も遅れているものである。教室にいる子どもたちはそもそも様々な個性や特性を持っている。発達障害—LD、ADHD、自閉症スペクトラムASDと呼ばれる子どもたちやセクシャル・マイノリティ—LGBTsの子どもたちも存在する。[*52]

二〇一五年四月、電通ダイバーシティ・ラボ（電通総研）がインターネットを通じて、全国の二〇代から五〇代のおよそ七万人を対象に行ったインターネット調査では、LGBTsの割合は〝一三人に一人〟（七・六％）とされている。また知的発達に遅れはないものの学習面又は行動面で著しい困難を示すとされた児童

生徒の割合は、文科省の二〇一二年調査によればこれもまた約五％である（通常学級では六．五％の割合）。その他にも身体的な障害―ハンディキャップを持つ子どももいる。

四〇人学級で言えば、平均的にはそれぞれ二―三人ずついる計算になるわけであり、もちろん統計ですから、ゼロの場合もあるし三人以上のケースもあるでしょう。特別なニーズを持つ、これらの子どもたちには合理的な配慮―ケアが必要なのは言うまでもないことです。しかし、そもそも発達というのはグラデーションなものであり、そのあり方や進展も個人によってマチマチです。発達障害と診断されている子どもと、定形発達（または通常発達）と呼ばれる子どもに明確な線が引けるわけではありません。障害があろうとなかろうと、どの子どもたちも「幸せに生きる権利」を持ち、自立への願いを胸に抱いています。私たちに必要なのは、「●●だから」とレッテルを貼るのではなく、言動に表れて

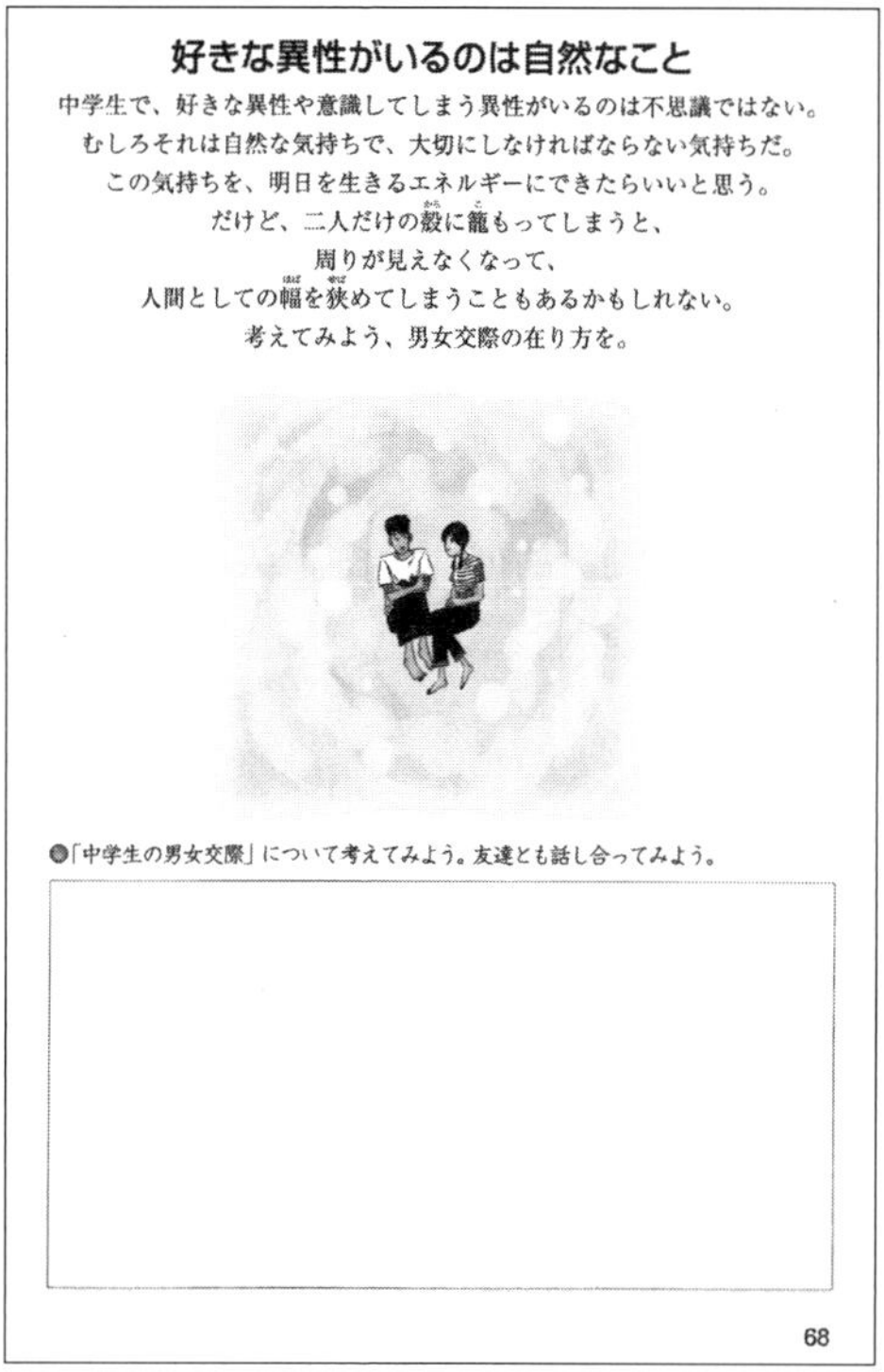
好きな異性がいるのは自然なこと

中学生で、好きな異性や意識してしまう異性がいるのは不思議ではない。
むしろそれは自然な気持ちで、大切にしなければならない気持ちだ。
この気持ちを、明日を生きるエネルギーにできたらいいと思う。
だけど、二人だけの殻《から》に籠《こ》もってしまうと、
周りが見えなくなって、
人間としての幅《はば》を狭《せば》めてしまうこともあるかもしれない。
考えてみよう、男女交際の在り方を。

●「中学生の男女交際」について考えてみよう。友達とも話し合ってみよう。

68

図10　「好きな異性がいるのは自然なこと」
（私たちの道徳　中学校、p.68）

いる現象（内面も）を子どもの特性や個性ととらえ、個別の悩み相談（カウンセリング）も含めて、必要な援助やケアを行うことです。

（渡辺雅之〈二〇一六b〉『教育実践のためのパンフレット To be a "true" Teacher』埼玉県生活指導研究協議会編、p.16-17）

ここでは性的マイノリティと発達障害[*53]を例に挙げているが、その主張の根幹はDiversity（多様性）の教室を目指すべきというものである。そもそも「自分以外はみんな異質[*54]」「発達障害へのアプローチは異文化理解[*55]」であり、差異を持つ他者を認め合う―他者性を持つことが出発点にならなければならない。「好きな異性がいるのは自然なこと」という言説は、ヘテロセクシャルー（性的）マジョリティに視点を置いた粗雑なものであり、結果としてマイノリティへの抑圧と暴力的性格を持つものである。

道徳科が本来目指すものは、「様々な文化や価値観を背景とする人々と相互に尊重し合いながら生きること」であり、「多様な価値観の存在を認識しつつ、自ら感じ、考え、他者と協同しながら、よりよい方向を目指す資質・能力を備えること」（一章1　改訂の経緯『中学校学習指導要領解説』）ではないのか。なぜこうした方針と乖離したテキストが生まれているのだろうか。それはここまで繰り返し述べてきたように、表の顔と裏の顔というアンビバレントな関係の中で道徳科が推進されているからである。例えば、一章で述べた「道徳教育」に熱心な日本会議系の識者や政治家の中においては、セクシャル・マイノリティを差別的にとらえる言説が散見している。[*56]そうした言説は私たちの社会に差別的な空気を醸成し、揶揄や嘲笑の文化をマーケットとして作り出している。[*57]そうした差別的なものを批判し、克服する視点が道徳科の中に決定的に欠けていると言えよう。同時に、第一章で述べたように、学際的根拠を持ち得ないものを教科として格上げすることの無理が露呈したものであり、「国家が、ストレートに、第一義的にその内容を決定するという事態が出現」（佐貫、再掲）している証左でもある。

ただし、この問題は推進している文科省だけにあるのではない。現場教師とそれを支える学校そのものも問われているのである。他者性を基盤にした道徳性の教育とはどのようなものか、実践者自身が常に問うことが必要である。道徳とは何か、道徳性の教育とは何かを突き詰めて考えていく営みの中にしか、道徳科を意味のある時間にすることは出来ない。ともあれ、教育現場に立つものは、最新の知見から学ぶことが必要である。自閉症スペクトラムやＬＧＢＴｓに関しては、日々研究が進んでいることも見逃してはいけない。「ふつう」に接しながら、合理的な配慮やケアを行うという複眼的で多面的な指導がいま求められている。

差別の本質や多様性に関する検討や学びを抜きにして、『私たちの道徳』に書かれているから、指導要領や解説に書かれているからそのまま実践するという姿勢は、道徳の名を借りた反道徳の教育になるだろう。

＊1　佐貫浩「民主教育研究所『道徳プロジェクト』道徳教育の理論と実践に関する研究討議　二〇一六年四月一六日」
＊2　山脇はこれをグローバル（全地球的）とローカル（地域の、現場の）の双方の意味合いを兼ね備えた造語として「グローカル公共哲学」と名づけている。
＊3　佐貫は「民主主義は〝他者と共に生きる〟ための思想」と定義している（前掲書、p.91）。

＊4　教育再生実行会議の提言はわずか数日の議論で提出されている。

＊5　永井均（一九九九）『子どものための哲学』講談社現代新書、p.24-25

＊6　哲学や倫理学が学際的ではないという意味ではない。

＊7　三宅晶子（二〇〇四）『「心のノート」を考える』岩波ブックレット、No.595　p.12・p62

＊8　『心のノート』は、小学校の低・中・高学年用と中学校用の計四種類。文科省が〇二年から児童・生徒全員に配布してきたが、民主党政権の事業仕分けで、一〇年度の配布を最後にウェブサイト掲載に切り替えていた。

＊9　【文科省Hp】http://www.mext.go.jp/a_menu/shotou/doutoku/（二〇一六年四月二九日閲覧）

＊10　しかし「ユゴーは近代言語による周到な物語そのものを『レ・ミゼラブル』と名付けたのだ。ああ無情とは、つねに言葉がそこへ至れば必ずおこりうる根本矛盾をあばいてしまう最終暗示力のことなのである」（松岡、二〇〇四）のような解釈もまた存在するのである。そうした多様な解釈が可能であることが文学作品の魅力であり本質であろう。

＊11　精神科医の香山リカは『生きづらい〈私〉たち』（講談社現代新書、二〇〇四）で、最近、「解離性障害dissociative disorders」という症状が、若者を中心に顕著になってきているという。この症状は、「多重人格」に明示されるように、自分が分裂し、いくつもいるように思われたり、自分と世界の間に実感がわかなかったりするという「離人症」のような自己不確実性の状態を意味する。「このように、心の全部、あるいは一部が、本来持つべき連続性やまとまり、いわゆる『統合』を失っている状態を、『解離』と精神医療の世界では呼んでいるのです」。たとえば、リストカットをして手首の傷がそれを明確に物語っているのに、その記憶がはっきりしないという場合も該当する。またリストカットをするとき、その痛みをまったく感じないことがあるという。香山は「先のことが考えられない」「自分は何がやりたいのか、何に向いているのかさっぱりわからない」という「解離的な人々」がフリーターになりやすいという。彼女は結論的に、解離性障害、境界性人格障害などはいまや単に「病気」という範疇を超えて、「現代人の本質的なもの」だといえるかもしれないと述べる。ある意味で、「敵」の姿が見えづらいという問題とも関わる議論である。私見では、問題解決の展望が見えず、不満を合理的に発散する手段をもてないために、ストレスを増大させた結果、国民的レベルでこうしたタイプの人間が増えてき

たものと思われる。（島崎隆〈二〇〇七〉「『心理主義』の流行とカウンセリング・心理療法の是非をめぐる問題」、季報『唯物論研究』一〇〇号、p.2-9）

＊12　この場合の政治教育は戦後教育学の文脈で言えば「主権者教育」でもある。

＊13　ハンナ・アーレント　大久保和郎訳（一九六九／二〇一七）『イェルサレムのアイヒマン―悪の陳腐さについての報告』みすず書房

＊14　【文科省HP、下村博文文部科学大臣記者会見録（平成二七年三月二七日）】http://www.mext.go.jp/b_menu/daijin/detail/1356138.htm（二〇一六年五月二日閲覧）

＊15　【NHK解説アーカイブス】http://www.nhk.or.jp/kaisetsu-blog/300/208723.html（二〇一六年四月一九日閲覧）

＊16　銀行型教育（フレイレ）と同義

＊17　検定教科書（二〇一七）にも、「羊かいの子ども」「金のおの銀のおの」など類似の教材がたくさんある。

＊18　村山士郎（一九九八）「子どもは『悪』が大好き―逸脱行動に発達の転機が―」、『村山士郎教育論集Ⅰ　子ども論・それでも子どもは未来志向』本の泉社、p.83-95

＊19　【人生に旅心を】http://tabizine.jp/2016/03/11/64342/（二〇一六年五月一五日閲覧）

＊20　すでにこのような動きは各自治体などで起きている。「梅雨空に『九条守れ』の女性デモ」と詠んだ俳句を、さいたま市の三橋（みはし）公民館が月報に掲載するのを拒否したのは憲法で保障された表現の自由の侵害にあたるなどとして、作者の女性（七四）が市などを相手取り、月報への掲載と、掲載拒否で被った精神的苦痛に対する二百万円の損害賠償などを求め、二十五日にさいたま地裁に提訴することが分かった。

　掲載拒否から間もなく一年。公民館の判断を支持した市や市教育委員会の対応の是非が、司法の場で争われることになった。訴状によると、三橋公民館では二〇一〇年一一月以降、地元の俳句会が会員の俳句の中から選んだ一句を月報に掲載。「梅雨空に―」は昨年七月号に掲載する一句として句会で選ばれたが、公民館は昨年六月二五日、「世論を二分するテーマ」として不掲載を句会に伝えた。訴状は、月報の俳句コーナーについて「住民が学習成果を発表する場（表現活動の場）として公民館が句会に提供してきた」とし、掲載拒否など内容を規制できるのは「規制目的がやむにやまれぬ公共的利益のため」で、かつ「規制手段が必要最小限度」に限られると指摘。公民館は世論が二分していることを理由に掲載を拒否しており、本来の規制目的・手段を逸脱、表現の自由を侵害したと主張する。また、趣味のサークルの表現活動に突然、公権力が介入したとして「民主主義の根幹を揺るがしかねない重大な問題が潜んでいる」と説明。さいたま地裁（一審判決、二〇一七年一〇月）は、「思想や信条を理由として掲載しないという不公平な扱いをした」などとして原告の訴えを一部認め、市に五万円の支払いを命じた（二〇一五年六月二三日　東京新聞・朝刊掲載）。

＊21 一九〇三年（明治三六年）四月の小学校令改正により、教科書の国定化が行われ、強調点の変更は見られたものの、構成に関しては変更されることはなかった。

＊22 【稲田（元）防衛相「教育勅語を取り戻す」福島みずほの質疑　三／八参院・予算委員会】https://www.youtube.com/watch?v=DKtWDF7mStA&feature=youtu.be（二〇一七年四月一三日閲覧）

＊23 【日本教育学会】「政府の教育勅語使用容認答弁に関する声明（二〇一七年七月三一日更新）」http://www.jera.jp/20170617-1/（二〇一七年八月一四日閲覧）

【日本教育史学会】「教育ニ関スル勅語」（教育勅語）の教材使用に関する声明について http://kyouikushigakkai.jp/info/2017/0508115621（二〇一七年八月一四日閲覧）

＊24 改憲・右派団体「日本会議」の国会議員懇談会副会長は安倍だが、下村は同会の幹事長を務めて、安倍と極めて近しい関係にある（二〇一四年当時）。

＊25 「教育勅語肯定　村山・河野談話見直し　下村文科相の危険な発言『戦争する国づくり』推進」で（二〇一四年五月六日　しんぶん赤旗掲載）

＊26 全国生活指導研究協議会編『生活指導』No.722 掲載、高文研、二〇一五、p.32-43

＊27 【佐藤高樹ブログ】鵜の目タカの眼―とある教育学徒の落穂拾い― http://takakist.cocolog-nifty.com/otibohiroi/2006/12/post_7385.html（二〇一六年四月二八日閲覧）

＊28 学校の先生の中には、道徳を個人の「心」の問題に還元し、徳目主義形式の授業を熱心に展開される「善意あふ

れる」方が、少なからずおられる『水からの伝言』授業も、そんな熱心な先生方による問題の現れと自分はみている（佐藤高樹、前掲ブログ）。

＊29 菊池誠（二〇一一）「『水からの伝言』をめぐって」http://www.cp.cmc.osaka-u.ac.jp/~kikuchi/nisekagaku/forum.pdf（二〇一六年五月一五日閲覧）

＊30 二〇一七年小学校検定通過教科書に「江戸しぐさ」のトピックは掲載されていないが、中学校版の検定はまだであり、引き続き注視していく必要がある。

＊31 有識者の会の代表世話人は渡部昇一であり、三浦朱門、米長邦雄などの右派論陣が名を連ね、編集委員会メンバーは八木修次ら日本会議系列である。

＊32 【BuzzFeed Japan/ 石戸諭　それは偽りの伝統　教材に残り続ける「江戸しぐさ」文科省が教材に残す理由】https://www.buzzfeed.com/jp/satoruishido/mext-edoshigusa?utm_term=.jlWPxW81x#.ccrz3Y173（二〇一六年五月一日閲覧）

＊33 「三つの重点目標」に沿って授業改善に取り組むことが求められる。また、文部科学省としては、教育委員会と連携しつつ、本プログラムで示した「五つの重点戦略」を積極的に進めることとしたい（読解力向上プログラム平成一七年一二月文部科学省）。

＊34 【はてなブックマーク】「江戸しぐさ」はなぜ道徳教材に残り続けるのか？http://b.hatena.ne.jp/entry/www.buzzfeed.com/satoruishido/mext-edoshigusa（二〇一六年五月一日閲覧）

＊35 「それホンモノ？『良き伝統』の正体」（二〇一六年一月二五日　毎日新聞東京・夕刊掲載）

＊36 【知恵蔵二〇一五】http://urx.red/tCgc（朝日新聞社、二〇一六年五月一日閲覧）

＊37 拙稿で批判するまでもなくこの論自体がすでに論理破綻していることは明白である。例えば以下。
アインシュタインの国籍史　ドイツ国籍（一八七九—九六）、無国籍（一八九六—一九〇一）、スイス国籍（一九〇一—五五）、オーストリア＝ハンガリー国籍（一九一一—一二）、ドイツ国籍（一九一四—三三）アメリカ合衆国籍（一九四〇—五五）

＊38　バートランド・ラッセル　高山夏輝訳（二〇〇五）『哲学入門』ちくま学芸文庫

＊39　「東京新聞デスクメモ」（二〇一三年一二月一四日　東京新聞・朝刊掲載）

＊40　愛国心をことさら煽る内容のもの。自国の賞賛をネタに自慰する類の内容であることから、ポルノグラフィーにたとえた言葉。具体的には、最近インターネットのみならず全国の書店に出回っている韓国や中国への嫌悪が含まれるコンテンツを指す。

＊41　【はてなキーワード】http://urx.blue/tCtG（二〇一六年五月一日閲覧）

＊42　【癒しツアー　自然・音楽・名言で心も元気!】http://iyashitour.com/archives/27526/2（二〇一六年五月一日閲覧）

＊43　同化主義は国民国家形成期には同化政策—cultural assimilation に転化したことが歴史的に知られている。この場合の同化とは「力を持つ民族が、弱い民族（もしくは集団）に対して自らの文化伝統を受け入れるよう強いる」ことにある。

＊44　「マッサン」（二〇一四年九月〜二〇一五年三月）では戦時下、外国籍の女性と結婚した主人公が共に差別や偏見とたたかう姿が描かれている。

＊45　父親的温情主義、父権主義、父権的干渉主義。本人の意思に関わりなく、本人の利益のために、本人に代わって意思決定をすること。父と子の間のような保護・支配の関係。
【はてなキーワード】http://bit.ly/1rg7vEC（二〇一六年五月三日閲覧）

＊46　ただし、田代は続けて「家族は多様で、いろいろあっていいよね」ですむことではなく、機能不全に陥っているかもしれない「多様な家族」の中にいる子どもたちのリアリティから出発する「家族」についての学習のあり方について研究と実践を進める必要性を主張している。

＊47　しかしそれでも民間のボランティアや周囲の人たちの援助によって、人間らしい生活を獲得した大人・子どもの姿が描かれていることに注意したい。

【西田昌司　機関誌 showyou】第八号　行き過ぎた自由、失われた伝統と秩序家庭の回復を!（一九九六）

＊48　http://showyou.jp/showyou/detail.html?id=72

ただし、パターナリズムはそうした側面だけではなく、子どもの保護とケアそして自立を促進する指導の様相をとることも少なくない。小渕（二〇一五）は子どもを権利主体に導くことが出来る指導は「よきパターナリズム」であり、子どもをして既成の「権威」に従順な人間へと導いてしまう指導は「悪しきパターナリズム」の二つに分けて考えることも必要かもしれないという興味深い議論を展開している。

＊49　同性同士のカップルのパートナーシップを公認する「パートナーシップ証明書」が二〇一五年一一月五日から、東京都渋谷区で交付されることになった。全国で初めて成立した「同性パートナーシップ条例」に基づくもので、渋谷区の長谷部健区長は一〇月二三日に記者会見を行い、「同性婚を認めるものとは違うが、風穴が開いたと思っている。差別をなくすことに対して、町として全力を挙げて取り組んでいきたい」と語った。渋谷区では、証明書の発行受付を一〇月二八日からスタートする。

【ハフポスト／猪谷千香】http://www.huffingtonpost.jp/2015/10/22/shibuyaku-certificate_n_8365162.html（二〇一六年五月三日閲覧）

＊50　【文科省HP】http://www.mext.go.jp/a_menu/shotou/doutoku/（二〇一六年五月三日閲覧）

＊51　汐見（二〇〇九）は『親がキレない子育て』（サンマーク文庫）の中で、キレて子どもを叩いてしまう親の問題に対して「あなたがキレるのは、決してあなたのせいではない」と述べている。これは我が子をどうしても愛せない親、愛してはいてもつい手をあげてしまい、結果として自分を責め抜く親に対してのメッセージである。

＊52　L＝レズビアン、G＝ゲイ、B＝バイセクシュアル、T＝トランスジェンダー。順番に、女性同性愛者、男性同性愛者、両性愛者、生まれたときに法律的／社会的に割り当てられた性別とは異なる性別を生きる人のこと。ただし、これらも明確に四つの区切りというわけではなく、他にもセクシュアリティは様々で、性的志向自体がグラデーションになっていると考えるべきでしょう。そもそも人間は一人ひとり違う特性（個性）を持ち、セクシュアリティはその一つの表れと言えるのかもしれません。（埼玉県生活指導研究協議会編〈二〇一六〉『教育実践のためのパンフレット』p.38-39

近年ＳＯＧＩという概念も生まれている。

＊53　本稿において発達障害という文言の使用ついては以下、渡辺（二〇一六c）の考え方をもとにしている。
発達障害（しょうがい）…よく聞く言葉ですがこの表現について考えてみましょう。障害とは辞書的な意味では次の二つとなります。
1：さまたげること。また、あることをするのに、さまたげとなるものや状況
2：個人的な原因や、社会的な環境により、心や身体上の機能が十分に働かず、活動に制限があること
一般的に障害者という言葉は二の定義によって「心身に機能の障害があり、障害および社会的障壁によって継続的に日常生活や社会生活に相当な制限を受ける状態にある人」を指します。「社会的障壁」とは、障害がある人にとって日常生活や社会生活を営む上で壁（妨げ）となるような社会における事物・制度・慣行・観念その他一切のものを言います。
こうしたことから考えれば、障害はその人本人に起因する生得的、あるいは後天的なものであると同時に、日常生活を営む上で障害になるものが社会にあるという考え方が成り立ちます。障害の「害」を個人（その人本人）に限定して考えると、害という文字から受けるネガティブな印象を軽減するために「障がい」または「障碍」という表記をすることもあります。
しかし、言葉をかえたからといって社会に潜む障害―社会的障壁がなくなるわけではありません。むしろ、言葉をかえてその問題の本質を見逃すことにはならないでしょうか。したがってこのパンフレットでは、社会的な障害を重視するという立場から、多面的にとらえて「障害」と表記しています（渡辺、二〇一六c）。

＊54　白鳥絢也（二〇一五）「講座・多文化共生教育」星槎大学院講座レジメ

＊55　楠凡之「不登校の子どもの指導と集団づくり分科会」発言。全生研全国大会、二〇一七年八月六日

＊56　【神奈川県海老名市議会副議長　つるさしますみの Twitter　二〇一五年一一月二九日　一〇：〇八】
「最近のマスコミの報道は倫理観に欠けている、何でも珍しいいことがあれば良いネタのようにして報道する、報道したことでその人物はなおさら優越感が出るのだ、一例が同性愛とやらだ！　生物の根底を変える異常動物だということをしっかり考えろ！　マスコミで取上げる影響を考えろ！　まじめ人間が馬鹿を見る」
http://matome.naver.jp/odai/2144877301864233201（二〇一六年五月二九日閲覧）
二〇一〇年一二月初旬、石原東京都元知事は二度にわたり、メディアにおける同性愛者の扱いを批判するととも

に、レズビアンとゲイの人びとは「どこか足りない感じ」がし、遺伝的に問題があると発言した。知事のこの発言は、日本の人権週間（一二月四日〜一〇日）の直前及びその最中に行われ、地方や全国のメディアを通じて報道され、インターネット上でも広く発信された。

【HUMAN RIGHTS WATCH】https://www.hrw.org/ja/news/2011/02/01/241674（二〇一六年五月二九日閲覧）

＊57　例えば以下のような書籍がある。
はすみとしこ（二〇一五）『そうだ難民しよう！　はすみとしこの世界』青林堂

3

第3章

評価に関する諸問題

ここまでは、主に内容論から道徳科の問題を指摘してきた。本章は、道徳科が学校現場に与えるであろう具体的な影響について、おもに評価問題に焦点をあてて考察していく。人間の内面を評価することは極めて困難である。同時に個人がその内面に持つ道徳性を評価の対象にすること自体が「内心の自由」の侵害である可能性が強い。しかし、道徳科は評価が義務化される。それゆえに、現場で道徳科を実践する立場の教師にとって、評価は大きな問題であり悩みである。

1. 数値評価から記述評価へ

道徳の教科化が俎上に上がった時、真っ先に批判を浴びたのがこの評価の問題であった。二〇一四年時点での新聞報道の多くは教科化に疑問を呈すものであり、その基本的論調に変化はない。また賛意を示す意見の中にあっても、数値評価が行われるのではないかと懸念する向きは強かった。[*1] 藤井(二〇一三)は「道徳を教科化することの無意味さと弊害は、教育学のなかでは過去に何度も議論されてきており、もはや議論する必要すらないことだと考えられていると言っても過言ではない。そんな政策を恥ずかしげもなく出してくるのを無知だと批判することに意味はない。なぜなら、政策を出してきている側は、そんなことは承知の上でやっているだろうからだ」と述べ、道徳の教科化を強行するねらいのひとつは、国家が道徳を独占し、テストによる評価によって脅しつつ、子どもたちに特定の考え方をすり込み、国家が示す道徳内容以外の道徳

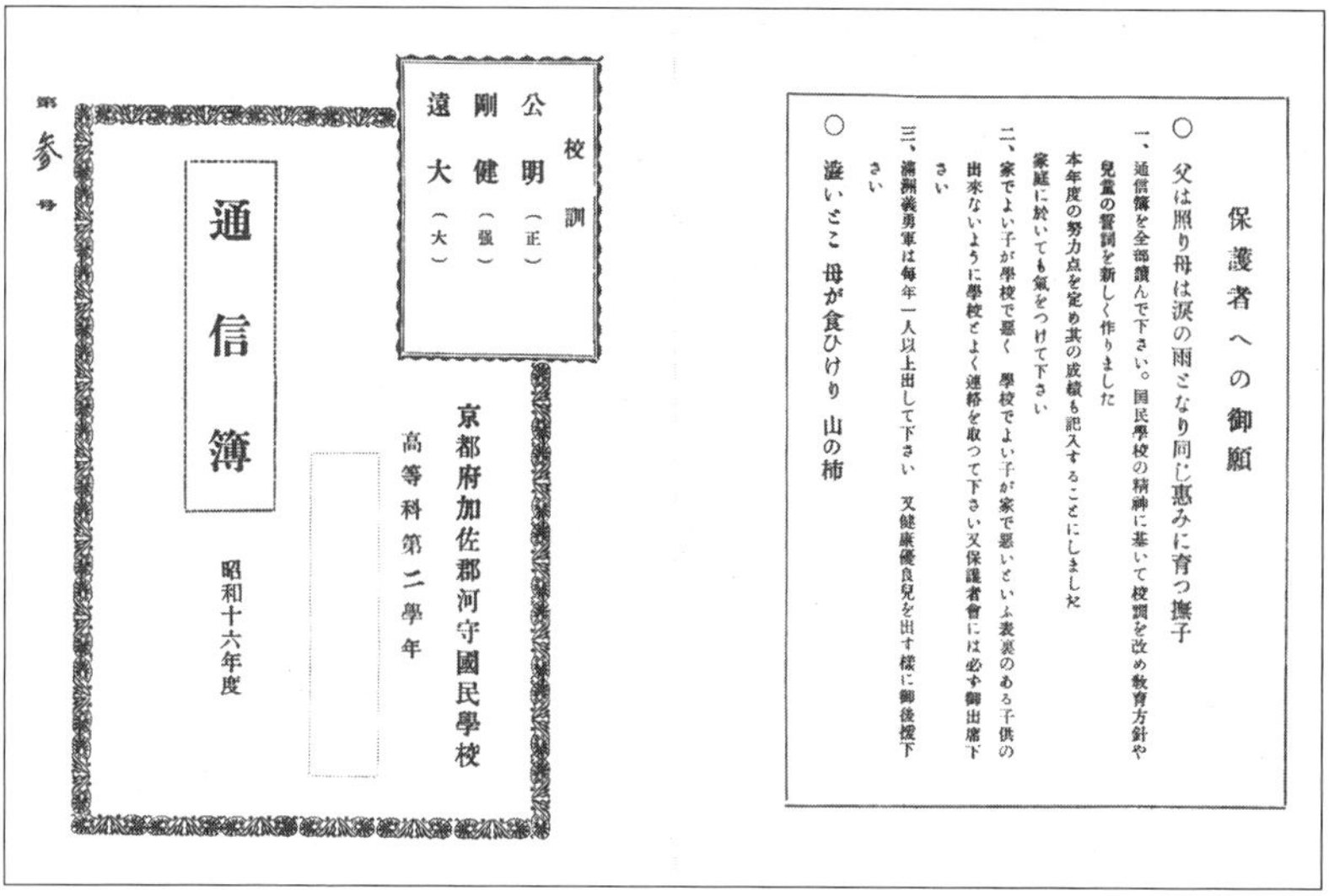

保護者への御願

○父は照り母は涙の雨となり同じ惠みに育つ撫子

一、通信簿を全部讀んで下さい。國民學校の精神に基いて校訓を改め教育方針や兒童の誓詞を新しく作りました
本年度の努力点を定め其の成績も記入することにしました
家庭に於いても氣をつけて下さい

二、家でよい子が學校で惡く　學校でよい子が家で惡いといふ表裏のある子供の出來ないように學校とよく連絡を取って下さい又保護者會には必ず御出席下さい

三、滿洲義勇軍は每年一人以上出して下さい　又健康優良兒を出す様に御後援下さい

○澁いとこ　母が食ひけり　山の柿

第　參　号

校訓
公明（正）
剛健（强）
遠大（大）

通信簿

昭和十六年度

京都府加佐郡河守國民學校
高等科第二學年

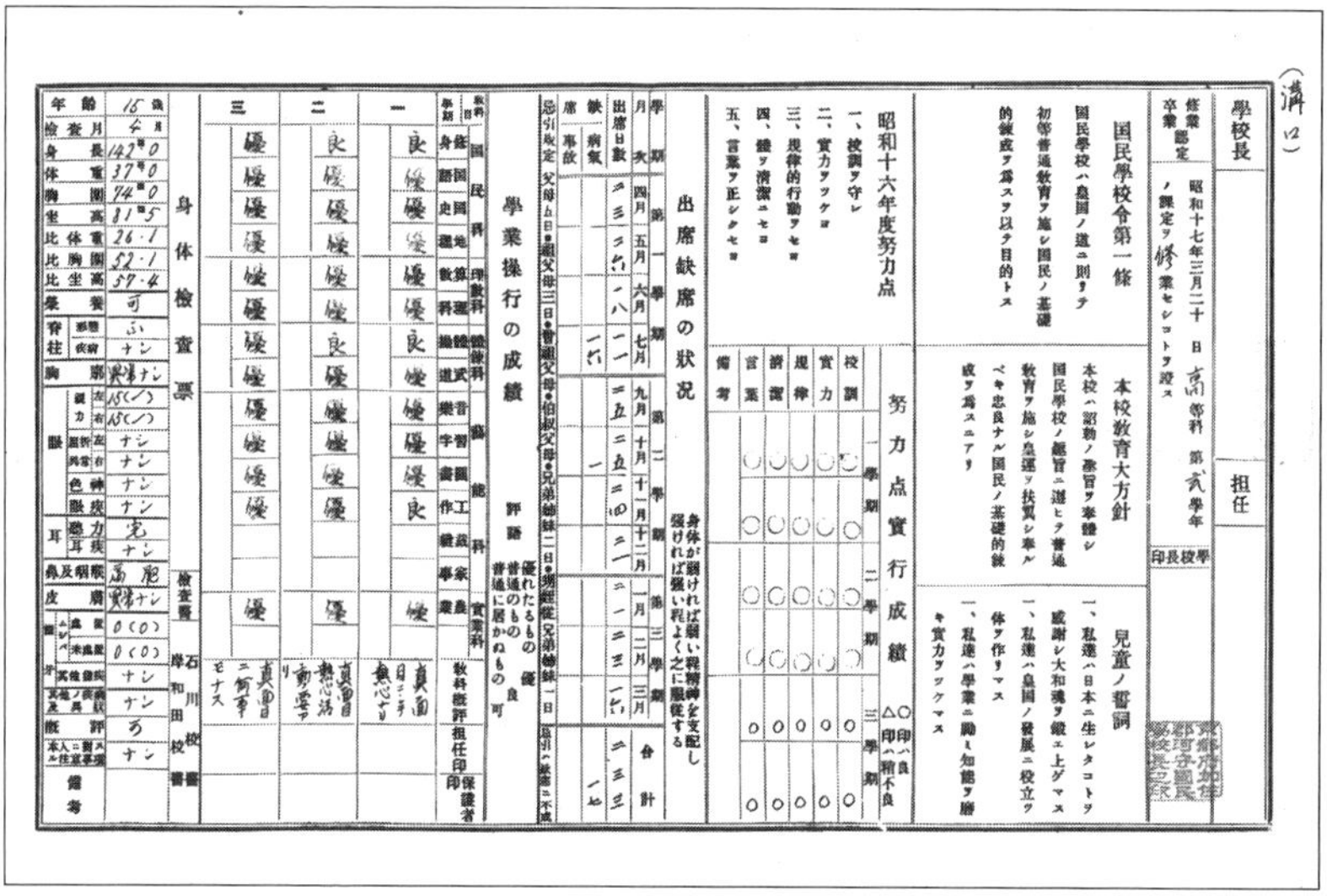

（溝口）

學校長
擔任

修業認定
卒業
昭和十七年三月二十日高等科第貳學年ノ課定ヲ修業セシコトヲ證ス
學校長印

國民學校令第一條
國民學校ハ皇國ノ道ニ則リテ初等普通教育ヲ施シ國民ノ基礎的錬成ヲ爲スヲ以テ目的トス

本校教育大方針
本校ハ詔勅ノ聖旨ヲ奉體シ國民學校ノ趣旨ニ遵ヒテ普通教育ヲ施シ皇運ヲ扶翼シ奉ルベキ忠良ナル國民ノ基礎的錬成ヲ爲スニアリ

兒童ノ誓詞
一、私達ハ日本ニ生レタコトヲ感謝シ大和魂ヲ鍛エ上ゲマス
一、私達ハ皇國ノ發展ニ役立ツ体ヲ作リマス
一、私達ハ學業ニ勵ミ知能ヲ磨キ實力ヲツケマス

昭和十六年度努力点
一、校訓ヲ守レ
二、實力ヲツケヨ
三、規律的行動ヲセヨ
四、體ヲ清潔ニセヨ
五、言葉ヲ正シクセヨ

努力点實行成績（○印ハ良　△印ハ稍不良）

	一學期		二學期		三學期	
校訓	○	○	○	○	○	○
實力	○	○	○	○	○	○
規律	○	○	○	○	○	○
清潔	○	○	○	○	○	○
言葉	○	○	○	○	○	○
備考						

出席缺席の状況

身体が弱ければ弱い程精神を支配し強ければ強い程よく之に服從する

學期	第一學期				第二學期				第三學期			合計
月次	四月	五月	六月	七月	九月	十月	十一月	十二月	一月	二月	三月	
出席日数	二三	二六	一八	一一	二五	二五	二四	二一	二一	二三	一六	二三三
缺席 病氣				一六		一						一七
缺席 事故												

忌引規定　父母五日・祖父母三日・曾祖父母・伯叔父母・兄弟姉妹二日・甥姪從兄弟姉妹一日
忌引ハ缺席ニ不成

學業操行の成績

評語　優れたるもの　優／普通のもの　良／普通に居かぬもの　可

學科	教科	一	二	三
國民科	修身	良	良	優
	國語	優	優	優
	國史	優	優	優
	地理	優	優	優
理數科	算數	優	優	優
	理科	優	優	優
體鍊科	體操	良	優	優
	武道	良	優	優
藝能科	音樂	優	優	優
	習字	優	優	優
	圖畫	優	優	優
	工作	良	優	優
	家事			
	裁縫			
實業科	實業	優	優	優
教科擔任評		真面目ニテ熱心ナリ	真面目熱心活動的	真面目二術事モナス
保護者印				

身体檢査票

年齢	15歳
檢査月	4月
身長	142.0
体重	37.0
胸圍	74.0
坐高	81.5
比体重	26.1
比胸圍	52.1
比坐高	57.4
榮養	可
脊柱 形態	ふ
脊柱 疾病	ナシ
胸廓	[illegible]ナシ
眼 視力 左	1.5（/）
眼 視力 右	1.5（/）
眼 屈折異常 左	ナシ
眼 屈折異常 右	ナシ
色神	ナシ
眼疾	ナシ
耳 聽力	完
耳 耳疾	ナシ
鼻及咽喉	扁肥
皮膚	[illegible]ナシ
齒 ムシバ 處置	0（0）
齒 ムシバ 未處置	0（0）
其他齒疾	ナシ
其他ノ疾病及異常	ナシ
概評	ろ
本人ニ對スル注意事項	ナシ
備考	

檢査醫　石川校醫／岸和田校醫

図11　昭和16年(1941年)度通知表(笠原昭男氏提供)

について考えさせないようにするためだろうと主張した。

「修身」が筆頭に記載されている戦前の通知票（図11）の表書きには「家でよい子が學校で悪く　學校でよい子が家で悪いといふ表裏のある子供の出来ないように學校とよく連絡を取ってください」とある。藤井の指摘が具現化した時に、道徳科の評価はこれと同じ性質を持つのではないだろうか。しかし、そもそも人間というものは裏表を使い分けて生きる社会的存在である。さらに、「みんな小さな不道徳をしながら、だんだん道徳的になっていく」ものであり、道徳性というものは「子ども自身が自ら葛藤を乗り越える体験を通して身に付けていく」ものなのだ（汐見、二〇一三）。

楠（二〇一五）によれば、現代の「教育家族」においては、新自由主義的競争原理の浸透の中で、我が子を勝ち組にいれるための脅迫的な支配が強まっているという。そのため、生きづらさやストレスを「安全に」表出できる場が学校だけになっている場合もしばしば見られ、そのような児童の中には「家ではいい子、塾でもいい子、学校だけで荒れている」子どもも少なくない。道徳科による評価システムが機能すればするほど「学校だけで荒れている」つまり、学校でしか自分の思いを表出―アクティングアウトできない子どもを排除し、その内面をより抑圧するものになる可能性は高い。評価によって道徳的に子どもを排除する分断線が作られる危険性を認識しておかなければならない。

「第二章3．徳目主義批判」で取り上げたＮＨＫ番組の後半は以下のような内容になっている。

　新たに教科に格上げされる道徳について、文科省は学校での授業内容を示した学習指導要領の案をきのう（二〇一五年二月四日）公表しました。そのポイントと今後の課題について早川解説委員です。

Ｑ３．今後の課題はどんなことでしょうか？
Ａ３．今後つくられる検定教科書と成績評価の二つです。今回の案は、国民からの意見を聞いた上で来月に告示、教科書検定が終わった三年後、二〇一八年から本格実施になります。とりわけ、成績評価はどうなるのか。教科に格上げされたことで成績をつけることになりますが、そのつけ方は、今後一年かけて議論されます。すでに５４３２１の数値ではなく、記述式にすることが決まっていますが、その記述の仕方をどうするのか。学校がつけた成績は、入試で内申書として使われる可能性もありますので、どんな歯止めをかけるのか、やり方によっては子どもたちの世界を窮屈にしかねないだけに議論が必要です（出典、前掲）。

こうした世論の中で、文科省は道徳が教科になっても従来教科のような数値評価は行わないことをすぐに表明する事態になった。道徳教育に係る評価等の在り方に関する専門家会議は、この状況を受けて、平成二七年六月一五日から七回（同年一二月一六日まで）に及ぶ会議が開かれており、評価をどうするかの検討が続けられた。そこでは［これまでの主な指摘事項］として、数値による評価を行うことは不適切であり、この考え方は引き続き維持すべき。児童生徒の内面そのものを評価の対象としたり、入学者選抜等の他の判断の基礎としたりすることについても厳に慎むべきとされている。そして「学習指導要領解説　第五章第一節道徳科における評価の意義」（「第三章　特別の教科　道徳」の「第三　指導計画の作成と内容の取扱い」の４）には、「生徒の学習状況や道徳性に係る成長の様子を継続的に把握し、指導に生かすように努める必要がある。ただし数値による評価は行わないものとする」と明記されている。

人間の内面を数値化する―数値評価を行わない（行えない）ことは当然だとしても、その代わりに記述評価をすることが義務付けられた。では記述評価は「問題」にならないのであろうか。

2．記述評価という「問題」

適正な評価は子どもを励まし、その成長や発達を支えるものであることは教育学の言わば常識である。城丸（一九八一）は「『指導』とは、誘いかけて子どもをその気にさせることであります。俗なことばでいえば、そそのかすことでもあります」と述べ、指導とは、子どもを誘いやる気を起こさせることであり、またやることを方向づけることであると示した。城丸が言うように、本来の意味での指導は子どもの心に内在する前向きな意志に火を付けるものであり、そこに伴う評価は、自己肯定感を育み、子どもの人間的成長を促進させるものである。[*2]

しかし、同時に評価は諸刃の剣でもあることも押さえておかなければならない。評価は時に、人間の内面をコントロール（支配）する性質を持つ。同時に支配されることを嫌って、支配されているようにふるまうこともある。岸見・古賀（二〇一六）は「ほめることは共同体の中に、競争原理を生み、子どもたちに『他者は敵である』というライフスタイルを植え付けることになる」というアルフレッド・アドラーの言葉を紹介する。さらには、大人が賞罰を含めた評価を行うのは、子どもを自分の支配下に置こうとする意志があり、子どもの自立をどこかで恐れているからであると述べる。[*3] そして、アドラー心理学が賞罰教育を強く否定しているのは、背後に操作という目的があり、人が他者をほめる理由は、自分よりも能力の劣る相手を操作することであると主張する。

とすると問題になるのは「何のために、そして何を評価するか」ということである。道徳科における評価を行おうとするならば、この問いを避けることは出来ない。その**評価が子どもの自己肯定感を育み、人間的自立を助けること。そして自分の身の回りのこと、社会的な諸矛盾に対して、立ち上がる意志と勇気を持った権利主体としての子どもを育てるものでない限り、道徳科における評価は「（教師に）求められる自分を演じる子ども」を大量につくりだすことになる**だろう。

また、岸見らの論は賞罰を含む評価とは何かという根源的な問いであると同時に、「何を評価するか」という観点から見た場合、数値であっても記述であっても、その問題の本質は変わらないことを示唆している。むしろ、記述によるそれは、評価者が意識していてもいなくても、操作（支配）的な色彩を帯びやすいのである。一例をあげてみよう。

アルペンスキーは競技スキーとも言われ、指定されたスタートからゴールまでのタイムのみを純粋に競うものである。タイムという絶対的かつ客観的尺度によって順位（評価）が付けられる。一方、基礎スキー（SAJ主催全日本スキー技術選手権など）[*4] と呼ばれる競技は指定された斜面を滑り降りる際のパフォーマンスを審査員が評価し点数を付けて順位を決定する。その評価はバランス・リズム・タイミングなど一定の基準は設けられるが、実際にはその年毎の滑りの傾向（流行）に左右される。そして評価点は各審査員の主観（またはイメージ）に任されるところが大きい。よって上位を目指す選手は自分が「いい」と思う滑りではなく、審査員が「いい」と評価する滑りに自身のパフォーマンスを合わせることになる。このように、審査員の主観（好み）が反映しやすい競技の場合は、「自分の技術を見せることよりも、いかにその年の審判が求めているものに合わせて表現するかがポイントになる」（各選手のコメント）[*5]という。高い評価を受けるためには、評価する相手を意識せざるを得ないのである。[*6]

つまり、記述式であろうとも（いや、だからこそ）、評価（とくに子どもの内面を評価すること）の持つ功罪と限界性を意識しておかなければならないと言えるだろう。「道徳教育の評価に関する資料2」（道徳教育に係る評価等の在り方に関する専門家会議【第七回】資料二）には、多様な評価方法の例として「ポートフォリオ評価」「パフォーマンス評価」「エピソード評価」が紹介されている。

児童生徒の学習の過程や成果などの記録や作品を計画的にファイル等に集積。そのファイル等を活用して児童生徒の学習状況を把握するとともに、児童生徒や保護者等に対し、その成長の過程や到達点、今後の課題等を示す。「パフォーマンス評価」知識やスキルを使いこなす（活用・応用・統合する）ことを求めるような評価方法。論説文やレポート、展示物といった完成作品（プロダクト）や、スピーチやプレゼンテーション、協同での問題解決、実験の実施といった実演（狭義のパフォーマンス）を評価する。「エピソード評価」児童生徒が道徳性を発達させていく過程での児童生徒自身のエピソード（挿話）を累積することにより行う評価方法。暫定的に授業時間に発話される記録や記述したものを「短期エピソード」、生活の中での言動や記述を「長期エピソード」として集積（文科省ＨＰ）。

道徳科の評価を行うとするならば、このような膨大なデータを集積する労力が必要になることを示唆していると同時に、そもそも記述式による評価が実践的には難しいことを示しているのではないだろうか。

そして、すでに学校毎に作成されている通知票における「行動の記録」や内申書は、「共同体の中に、競争原理を生み、子どもたちに『他者は敵である』というライフスタイルを植え付ける」（再掲）という負の「成果」を生み出し続けてきた疑いがある。道徳科の評価については進路指導などには利用しないということになっているが、検定教科書や別冊ノートにはすでに子どもたち自身で、自分の道徳性について数値的に自己評価し、それを教師や親に見てもらうページが設けられているのである。

いかに自分が「よい子」になっているかを書かねばならないとすれば、岸見らの懸念が現場でいっそう広がる可能性は高いと言えよう。

3. 逆立ちするロジック

さて、ここで文科省は道徳科の評価についてどういう見解をもっているか改めてみてみよう。「第五章第二節　道徳性の理解と評価　一、評価の基本的態度」（前掲）には以下のような記述がある。

生徒の道徳性については、道徳教育の目標や内容に照らして、どの程度成長したかを明らかにすることが大切である。そのためには、指導前や指導後の生徒の実態の把握に努め、確かな生徒理解に基づく道徳性の評価を心掛ける必要がある。その際、生徒一人一人の人格を、その全体像において理解することが大切である。しかしながら、このような道徳性が養われたか否かは、容易に判断できるものではない。

しかし、道徳性を養うことを学習活動として行う道徳科の指導では、その学習状況を適切に把握し評価することが求められる。生徒の学習状況は指導によって変わる。道徳科における生徒の学習状況の把握と評価は、教師が道徳科における指導と評価の考え方について理解を深め、一単位時間の授業で期待する生徒の学習を明確にした指導計画の作成が求められる。道徳性を養う道徳教育の要である道徳科の授業を改善していくことの重要性はここにある。」（傍点筆者）

回りくどい書き方になっているが、まず注視すべきは「道徳性が養われたか否かは、容易に判断できるものではない」と、その限界性を認めていることである。容易に判断できないのであれば、評価することを取り下げるべきではないかと思うが、接続詞「しかし」が用いられ「道徳性を養うことを学習活動として行う道徳科の指導では、その学習状況を適切に把握し評価することが求められる」が続いている。言い換えれば「子どもの人格や内面を評価するのは難しい。しかし、教科になるのだから、難しくても（容易に判断できなくても）評価はしなければならない」ということである。

つまり、目的は教科化にあり、教科になるのだから、評価は必然であるという逆立ちしたロジックになっている。岡崎（二〇一四）は、こうした傾向について「教委や文科省が提出している『答申』『意見書』『提案』

などは一度読んだだけで『官僚の作文』であることが分かる。しかも何を言っているのか分からない、どうとでも取れるような内容と言葉の羅列である。曖昧にしつつ、熟議をすると偽装し、大まかな案と嘘をつき文章をこね回している」と厳しく批判する。

そもそも「どの程度成長したかを明らかにすることが大切である。そのためには、指導前や指導後の生徒の実態の把握に努め、確かな生徒理解に基づく道徳性の評価を心掛ける必要がある。その際、生徒一人一人の人格を、その全体像において理解すること」（再掲）は、困難というよりも教育の条理に添っていないのではないだろうか。

なぜなら、ある時子どもは排他的で攻撃的な言葉を発し、それに準じた行動をとる（大人がそうであるように）。そうした言動を額面どおり受け取らず、その言動の背後にあるものを読み拓こうとする営みの中に、教育実践の本質があるのではないか。[*7] そして、友だちに攻撃的な言葉を浴びせたその翌日に「昨日はゴメン」と言うのもまた子どもではないか。しかし、そうした「翌日の子どもの姿」を一人の教師が正しくキャッチできる保障はどこにあるだろうか。むしろ、教師は「ある日の子どもの姿」しか見ることの出来ない多忙の中におかれ、長時間無定量なブラックな働き方の中で懸命に生きている現実がある。

「学年の仲間・保護者と一緒になって」（橋元義文、二〇一三）、「いじめの背後にある生きづらさを一緒に乗り越える」（南川一徹、二〇一三）には、教室の中で様々なトラブルを起こす子どもたちの関係性が日々変化し「ある日の子ども」がまったく違う「今日の子ども」になっていく姿が描かれている。[*8] 橋元や南川のような取り組みを日常的にするためには、教師の教育観を問い直すと同時に、子どもたちと接する時間を確保するなど、そのための教育条件を整えなければならないだろう。

「おまえ、臭いからあっちいけ」と言った子どもがいたとする。その本心が「臭かったらみんなに嫌がられちゃう、もっといじめられちゃうぞ。俺はお前と遊びたいんだ」というものであったとしたら—そうした攻撃的なことは言わないが、その代わり関わりもせずヒソヒソとその子を無視するグループの子どもがいたとしたら—どちらが「思いやり」のある子なのだろうか。前者の子は「時と場をわきまえて、礼儀正しく真心をもって接すること」(道徳科の内容項目B)[*9]が出来ていないという評価になるのだろうか。この問題は、すでに「ニセ科学と徳目主義」で述べた道徳性とは何かという根本の問いのひとつでもある。

筆者が中学教員だった時にTという荒れた子どもがいた。TはRという発達障害を抱える子どもを、遊びながらいじめていた(ように見えたので)何度もTに止めるように指導したことがある。それから、三〇年近く経ったある日、Tと話す機会があった。「先生、俺はイジメるな！　と先生にいつも怒られていたけどさ、Rをイジメてはなかったよ」と言う。詳しく聞いてみると当時の私にはまったく見えていなかったRとの肯定的な関係性のエピソードがふんだんにあったのである。道徳的に他者を評価することがいかに難しいのだろうか。論を整理しよう。

「児童生徒の内面そのものを評価の対象としたり、入学者選抜等の他の判断の基礎としたりすることについても厳に慎むべき」(再掲)。ここにある内面そのものと「生徒一人一人の人格を、その全体像において理解すること」(再掲)の論理的整合性はどこにあるのか。「生徒一人一人の人格とその全体像」は内面そのものではないのか。道徳科の目指すものは「道徳的価値の自覚や生き方についての考え」(一章2　改定の基本方針『小学校・中学校学習指導要領解説』)つまり児童・生徒の内面を扱うものではないのか。内面と内面そのものはどこがどう違うのか。

いやもしかして「道徳教育を通じて、個人が直面する様々な状況の中で、そこにある事象を深く見つめ、自分はどうすべきか、自分に何ができるかを判断し、そのことを実行する手立てを考え、実践できるようにしていくなどの改善が必要と考えられる。」（一章2　改定の基本方針・再掲）とあるので、内面ではなく「道徳的実践力を育成する」（再掲）こと、すなわち子どもの行為行動を対象にすることが主となる眼目なのか。

とするならば、道徳科の評価というのは、目に見える表出した事象のみを対象に行うものになる。そうした場合、教育は成果主義もしくは行動主義という陥穽にはまることになる。本論においては、道徳科においてこうした論理矛盾が散見するのは半ば必然的なものであることを繰り返し述べてきた。これは現場で実践にあたる教師が直面する重大な問題といえよう。

4．教師への評価―成果主義の問題

教育活動には評価が付き物であり、それは子どもにだけ向けられるものではないという評価論が多く語られている。文科省は、道徳科の評価は子どもへの評価という側面と、道徳性を養う道徳教育の要である道徳科の授業の改善つまり「教師が道徳科における指導と評価の考え方について理解を深め、一単位時間の授業で期待する生徒の学習を明確にした指導計画の作成」（再掲）のためにあると説明する。

こうした流れは今に始まったことではなく、学校評価システムを確立し、全教育活動をマネジメントサイクルのＰＤＣＡに沿って実施する実践が先進校と言われる学校で行われ、一定の成果を挙げているとされる。[*10]推進派の柳沼（二〇一四）も「まず、道徳教育においても、ＰＤＣＡサイクルを実施する」と述べていることから、道徳科も遅かれ早かれそうした流れにより一層組み込まれていくだろう。しかし、ＰＤＣＡ自体がそもそも工場生産において不良品をチェックし、それを減らすための生産管理や手法の一つに過ぎない。その中身とプロセスには成果主義という大きな問題が生じる。規範から外れた子ども＝不良品、うまく展開できなかった授業＝不良品　という発想に結びつくのではないか。

馳浩文部科学相（元）は二〇日の記者会見で、今年の全国学力・学習状況調査（全国学力テスト）を巡り、成績を上げるために二月ごろから生徒に過去の問題を解かせていた地域があったと指摘し、「学力テストは点数の競争ではなく指導改善につなげるためのもの。本末転倒だ」と怒りをあらわにした。

（二〇一六年四月二一日　毎日新聞・東京夕刊掲載）

文部行政を司る立場にある者が実際に現場で行われている過去問対策などの状況を把握していない不見識はさておき、以下、馳に言われるまでもなく、成果主義に基づく「競争」は全国の学校と教室を席巻する社会的病理となっている。

教職員には、日常の、つまり自分たちが選んだ教科書に基づいて、授業時間により良い授業をやることに粉骨砕身努力してほしいし、その中から、学力の定着、向上に向けて、児童生徒や保護者とのコミユニケーションに時間を割いてほしいと思っています。福井県に負けるなとか、富山県に負けるなとか、本当に、私は情けないと思います。もし、そういう教育委員会、教職員がいるとしたら、私はそんな教職員はいないとは信じていますが、教育委員会が点数に過敏になっているきらいがあると感じています。

文科省、馳浩文部科学大臣記者会見録（平成二八年四月一九日）[*11]

学校現場における成果主義は道徳科でも、道徳的実践力を高めるという名目で、目に見える成果を出す―形を整える「指導」や評価方法として広まっている。例えば埼玉県教育委員会・道徳教育HPに記載されているプロジェクト　彩の国の道徳「心の絆」について　は以下のような目的で推進されている。

子どもが社会の一員として守らなければならないきまりや行動の仕方を身に付け、時と場に応じて自ら行動し、責任のある態度がとれるようにすることを目指して、「規律ある態度」達成目標を掲げ、県内の小・中学校で取り組んでいます。毎日の学校生活や家庭生活において必要な基本的な生活習慣や学習習慣の中から、これだけは必ず身に付けさせたい基礎的・基本的な事柄を選び出し、具体的な行動目標として設定したものです。

（埼玉県教育委員会HP　彩の国の道徳教育[*12]）

すでに多くの学校でアンケート調査がなされ、その結果が達成目標として学年別に記載されている。（図12－13）

こうした傾向は道徳科の実施によってさらに強まるだろう。記述評価は、保護者への説明責任を果たすた

小５～６

教育に関する３つの達成目標

「規律ある態度」達成目標アンケート　　【小学校第５学年・第６学年】

あなたは、どのように生活していますか。

＿＿年＿＿組＿＿番　名前＿＿＿＿＿＿＿＿

※　自分の生活の様子をふりかえり、次の質問について、あてはまるところに「○」をつけてください。

	質　　問	よくできる	だいたいできる	あまりできない	できない
1	通学はんの集合時こくや登校時こくを守ることができていますか。				
2	授業や活動の始まる時こくを守ることができていますか。				
3	ぬいだはき物のかかとをそろえることができていますか。				
4	机やロッカーの中の整理整とんをすることができていますか。				
5	自分からはっきりあいさつをすることができていますか。				
6	名前を呼ばれたら「はい」とはっきり返事をすることができていますか。				
7	時と場に応じた正しい言葉づかいができていますか。				
8	相手の気持ちを考え、やさしい言葉づかいができていますか。				
9	学習の準備を整え、授業にのぞむことができていますか。				
10	先生の話や友だちの発表をしっかり聞き、自分の考えを伝えることができていますか。				
11	人の集まるところでは静かにし、姿勢を正すことができていますか。				
12	進んでそうじをし、学校をきれいにすることができていますか。				

図12　『規律ある態度』達成目標アンケート
（小学校第5学年・第6学年）

めに、前述したポートフォリオの蓄積など、教師にとって膨大な労力を伴うことが予想される。そもそも、子どもの内面と道徳的実践力を正確に反映した評価になる保障はどこにもない。前述したアンケート調査や評価のためのポートフォリオ作成や公開授業の指導案や準備など「道徳教育」が充実すればするほど、子どもと過ごす時間は減っていく。すでに学校現場には「説明責任という名のモンスター」が徘徊し、教師たち

平成２７年度「規律ある態度」調査結果一覧　（%）

内容	項目		小１	小２	小３	小４	小５	小６	中１	中２	中３
○けじめのある生活ができる	1 時刻を守る	①登校時刻	93.2 90.7 91.5	92.8 91.5 91.8	95.7 95.0 95.4	95.3 95.3 95.4	96.4 94.7 95.1	96.7 94.5 95.0	99.3 98.0 97.7	98.6 97.2 97.0	98.1 96.3 95.8
		②授業開始時刻	90.7 92.4 92.1	88.6 91.7 91.7	94.9 96.8 96.6	96.3 97.1 96.8	97.1 97.3 97.0	97.8 97.1 97.2	98.9 98.0 97.9	98.3 97.9 97.7	98.5 98.2 97.8
	2 身の回りの整理整頓をする	③靴そろえ	88.7 89.0 89.0	83.8 85.4 84.9	90.4 89.5 89.4	88.8 89.5 88.2	89.9 88.1 87.0	90.9 88.6 88.0	95.3 88.8 86.7	91.9 89.6 87.8	92.2 90.8 88.9
		④整理整頓	84.0 83.1 82.8	75.8 78.1 78.1	83.9 86.7 87.2	87.0 86.2 86.1	87.6 85.2 85.0	87.6 85.4 85.1	91.7 84.7 83.3	88.2 85.3 83.8	88.2 86.5 84.2
○礼儀正しく人と接することができる	3 進んであいさつや返事をする	⑤あいさつ	87.8 84.9 93.6	81.6 80.4 80.7	87.0 87.8 88.3	84.8 86.6 86.6	84.5 84.6 85.0	84.6 83.9 84.1	87.6 87.5 86.0	86.6 85.5 84.2	86.1 86.3 84.9
		⑥返事	93.7 93.4 93.1	89.1 89.3 89.2	93.6 94.1 94.1	93.3 92.7 92.2	92.7 90.1 89.7	92.0 88.3 87.9	93.6 89.1 86.6	91.0 86.9 85.6	90.5 88.3 85.4
	4 ていねいな言葉づかいを身に付ける	⑦ていねいな言葉づかい	87.4 87.9 87.7	85.3 84.1 84.0	89.9 90.5 90.4	91.2 89.5 88.7	91.5 88.7 87.7	92.0 88.7 87.9	94.7 90.2 89.1	93.2 91.0 89.4	94.2 92.2 90.3
		⑧やさしい言葉づかい	92.7 91.8 91.4	89.1 88.6 88.5	93.3 89.1 88.3	87.8 86.9 85.5	88.4 86.2 85.5	87.6 85.6 84.9	92.3 87.3 85.1	89.6 88.6 86.9	90.8 90.9 89.4
○約束やきまりを守ることができる	5 学習のきまりを守る	⑨学習準備	83.4 82.1 82.4	74.3 72.8 73.5	85.1 85.2 85.4	84.0 82.3 82.3	89.4 86.5 85.2	89.1 83.9 83.3	95.2 88.0 86.6	90.5 87.0 85.9	91.0 88.6 87.1
		⑩話を聞き発表する	91.9 91.8 91.6	88.7 89.3 89.0	87.0 88.0 87.8	86.4 85.3 84.7	83.1 82.1 81.2	79.3 79.2 77.8	84.9 76.5 74.4	77.6 76.9 75.4	77.8 81.7 79.0
	6 生活のきまりを守る	⑪集団の場での態度	88.6 89.0 89.1	84.5 84.7 85.3	92.2 91.1 91.2	90.5 90.4 89.7	90.6 89.3 88.3	91.1 88.1 87.8	95.6 91.5 90.2	93.3 92.1 90.3	94.5 93.0 91.4
		⑫掃除・美化活動	94.7 95.9 95.5	94.4 95.3 95.2	96.3 94.8 94.6	94.4 94.7 94.1	92.6 91.2 90.9	92.2 90.4 89.7	93.4 87.9 86.2	88.3 86.9 84.7	88.6 88.7 86.5

※　表中の数字は、調査で児童生徒が「できる」（「よくできる」「だいたいできる」の合計）と回答した割合
※　上段は平成27年度、中段は平成25年度、下段は平成24年度の数値
※　網掛けは、「よくできる」「だいたいできる」という回答が80%以上の項目

図13　平成27年度『規律ある態度』調査結果一覧

のリソースの多くは、そこに使われ実践の自由の空気が失われつつある。

百歩譲って「教師は、こうした点を踏まえつつ、それぞれの時間における指導のねらいとの関わりにおいて、生徒の学習状況や道徳性に係る成長の様子を様々な方法で捉え、それによって自らの指導を評価するとともに、指導方法などの改善に努めることが大切である」（五章一節　道徳科における評価の意義・再掲）と言う

ならば、それが可能な教職員定数増や学級定員改革などの物理的条件を整えることが先決であろう。
こうした問題は「学校現場多忙化循環」「悪夢のサイクル」であり、問題が起きると、それが教育問題として社会問題や労働問題と切り離されて扱われ、学校や教員がバッシングされる。教育全体への不信感が増幅されるなかで予算や人員抜きの改革が進められ、学校現場は多忙化し、教職員は疲弊していく（大内、二〇一四）
東日本大震災時（二〇一一年）に、心身ともに傷ついた子どもたちと教職員をケアした古関勝則（小学校教師）の証言は注目すべきものである。

福島県では二〇一一年三月一一日から八月までかつてないことが起こった。学校で出張や研修がなくなり、運動会や対外行事（水泳大会、陸上大会など）も中止となり、公開研究会もなくなった。そのことで学校にゆったりとした時間が流れたのである。通常は一学期というと慌ただしい毎日が続くのだが、あり得ないほどゆったりと時間が流れた。また屋外に出ることが出来ないので、室内で子どもたちと過ごす時間が増えた。時間がゆったりと流れると、「あとでね」と言うことなく、子どもの話を丁寧に聞くことが出来る。また教職員は常に多忙で追い詰められた状態からゆとりある毎日になり、自然と子どもに優しくなったのである。

私は放課後の教室で、家庭離散という悲しい生い立ちを背負い、教師に反抗を繰り返す春菜と始めてしみじみと語り合うことが出来た。

「あたしね、今まで言えなかったけど、（離婚の時）辛くて布団の中で毎日泣いたんだ」

「ほんでね、震災がおきたから、いつか父ちゃんが帰ってくるんでないかと思って毎日過ごしているんだ。んでも帰ってはこないけどね」

「そうだったのかい春菜ちゃん。辛かったべ。よく話してくれたね。先生あんたのことをあまりしらなくて、今まで叱ってたばかりだった。ごめんしてね」

「うん、いいよ。あたしのはなしきいてくれただけで」

「でもね、話しきいててせんせは思った。あんたは誰よりも幸せになる権利があんだ」

「古関せんせ、ほんと？」

「ほんとだ。人は誰でも幸せに生きる権利をもってんだ」

うなずく春菜の目は涙で一杯だった。時間に余裕が出来た教師たちは、放課後に子どもたちの話をじっくりと聞く。それによって、子どもたちが本当に悩んでいること、困っていることを知る。私たちは子どもたちに寄り添うことの意味を改めて知った。なんと皮肉なことに、震災によって本来学校が持っているべき大切な機能を思い知らされたのである。そして「子どもたちが『おはよう』と、ただ学校にやってくるその姿がどんなに素晴らしいものだったか」を実感した（傍点筆者）[*13]。

共に「学び」時に「休息」する場を作ることなく、道徳を教科化し一人一人の子どもたちに徹底して徳目を注入したところで、それは何の解決にもならない。（中略）そして子どもがどんな（不道徳に見える）振る舞いをしても、「おはよう」と、ただ学校にやってくるその姿。それがどんなに素晴らしくかけがえのないものであることか。それを私たちが改めて知ることは、震災で亡くなった多くの子どもたちへのレクイエムで

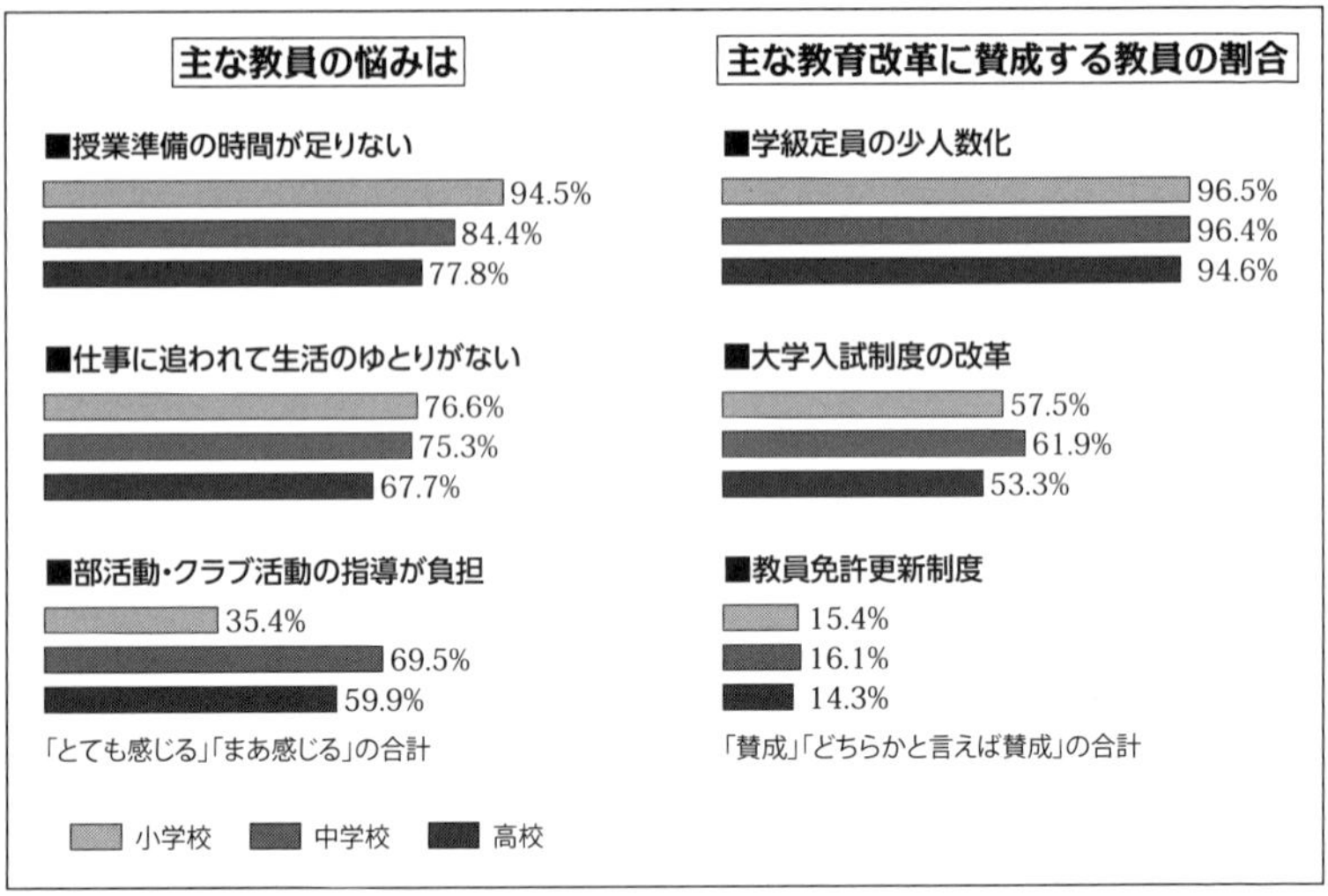

図 14　教員養成ルネッサンス・HATO プロジェクト「教員の仕事と意識に関する調査』より

もある（渡辺雅之『いじめ・レイシズムを乗り越える「道徳」教育』高文研、二〇一四、p.80-82）。

　古関と春菜の対話はケアと保護を基調とする教育的関係を取り結ぶことの大切さを提起している。これを可能にする条件を整えるのが先に述べたように行政の責任である。最新の調査研究からもう少しこの問題を見ていこう。二〇一五年八～九月に全国の公立小中高の教員計九七二〇人を対象に実施した調査では、授業の準備時間が足りないと考えている公立の小中学校・高校の教員が八～九割に上ることが明らかになった。この調査を実施したのは、北海道教育大、愛知教育大、東京学芸大、大阪教育大の共同調査プロジェクトである。それによれば「仕事にやりがいを感じつつ、多忙さに悩む教員たちの姿が改めて浮かび上がった」と言う。図14（二〇一六年五月二二日、朝日新聞・朝刊掲載）。

　以下、氏岡真弓氏（朝日新聞記者）の分析を引用する。

結果によると、教員の仕事について「楽しい」と答えたのは、小＝八六％、中＝八二％、高＝八一％に上った（小数点以下は四捨五入）。

一方で「授業の準備をする時間が足りない」と答えたのは小＝九五％、中＝八四％、高＝七八％。「仕事に追われて生活のゆとりがない」も小＝七七％、中＝七五％、高＝六八％だった。「部活動・クラブ活動の指導が負担」は小＝三五％、中＝七〇％、高＝六〇％で、部活がある中高で高率だった。また「モンスターペアレント」が問題化するなか、「保護者や地域住民への対応が負担」と感じる人は小＝五六％、中＝五五％、高＝四〇％だった。

将来の展望についても質問。「できれば管理職になりたい」と考えているのは小＝一二％、中＝一三％、高＝七％にとどまり、「管理職にはならず、一教員として働きたい」は小＝五八％、中＝五六％、高＝六五％を占めた。

学校教育で、子どものどんな力を育てる必要があると思うかも聞いた。「他者と協働する力」について「とても必要」と答えた人の割合は小＝八〇％、中＝七九％、高＝七〇％。「自分で学ぶ力」は小＝七九％、中高＝七四％、「あきらめず頑張りぬく力」も小＝七八％、中＝七四％、高＝六六％と多かった。友だちとの協力や努力することの大切さなど、日本の学校が重視してきた項目が上位に並んだ。

一方、「情報通信技術（ＩＣＴ）を使いこなす力」の育成を「とても必要」と考える割合は小＝二九％、中＝二三％、高＝一八％。「職業にかかわる専門的な知識」は小＝二五％、中＝二六％、高＝二七％、「物事を批判的にみる力」は小＝二二％、中＝一九％、高＝二七％にとどまった。

実際の授業のやり方では、集団での討論や探究活動をしているのは小＝八六％、中＝七一％、高＝五一％。他教科と関連づけているのは小＝七〇％、中＝二五％、高＝二一％、調べたことの発表などを採り入れているのは小＝六四％、中＝四五％、高＝三五％だった。

いずれも二〇二〇年度から小中高で順次導入される次の学習指導要領で重視される授業方法だ。小学校より中学、中学より高校で低くなる傾向がみられた。

国が進める教育改革は、教員たちの目にどう映っているのか。最も賛成が多かったのは学級定員の少人数化で、小＝九七％、中＝九六％、高＝九五％だった。次の学習指導要領で重視されている、子どもが主体的に学ぶアクティブ・ラーニングには、小＝九三％、中＝九一％、高＝八二％が賛成と答えた。

逆に反対が多かったのは教員免許更新制度で、小＝八三％、中＝八一％、高＝八五％が反対。道徳の教科化への反対も、小＝七九％、中＝七六％、高＝五六％と多かった。「六・三・三」の学制改革には、小＝四七％、中＝四九％、高＝五七％が反対だった。

大学入試制度改革では、大学入試センター試験を廃止し、「大学入学希望者学力評価テスト（仮称）」を導入することなどが決まっている。こうした入試改革には小＝五八％、中＝六二％、高＝五三％が賛成。フリースクールの公認には小＝六七％、中＝六三％、高＝五八％が賛成という意見だった。

この調査で研究代表を務めた子安潤・愛知教育大教授（教育課程論・教育方法学）は「教員の置かれた現状や自己像を把握したいと企画した。やりがいを感じながらも、ゆとりを持てていない教員の姿がうかがえる。教育行政は現場の実態を踏まえ、教員の声をもっと政策に生かすべきだ」と指摘している。

（二〇一六年五月一二日、朝日新聞・朝刊掲載）傍線筆者

上記調査は、現場教師の状況をかなり正確に反映しているものと言えるだろう。教員の要求が学級定員の少人数化であるということは、決して「人数を減らして楽をしたい」ということではない。教員の仕事を「楽しい」と考える教員にとってみれば、「もっといい授業をしたい」「もっと子どもたちと触れ合いたい」そのための条件整備の一つとしての要求なのである。そもそも、キリキリと「仕事」に追われるゆとりのない日々で、ゆったりとした気持ちで子どもに向き合えるだろうか、創造的な授業の構想や準備が可能であろうか。それが出来ないことは、火を見るより明らかである。[*14]

そして、道徳の教科化への反対「小＝七九％、中＝七六％」という結果をどうみるべきであろうか。「他者と協働する力」について「とても必要」と答えた人の割合は小＝八〇％、中＝七九％であることから見れば、教師たちは他者と協働するという道徳性を否定しているわけではない。しかし、道徳の教科は圧倒的な教師たちが反対しているのである。それはここまで述べてきたように、あまりにも性急かつ政治的動向の中に道徳の教科化が推進されてきたことへの懐疑であると同時に、教科化によって現場の多忙化がいっそう進行することに対する抵抗であろう。[*15]

道徳科はこうした問題をはらみつつ進行している。どんなに多忙であろうとも、道徳科に熱心に取り組み、「成果」を上げなければ「（道徳科実践の）力量のない教師」として道徳的に責められることになる。つまり、教師を「『自己責任』に押し付ける倒錯した状況」（佐藤学、二〇一四）がまた繰り返されるのである。

そして、こうした問題を加速させる提案も既になされている。教科化推進の中心となってきた押谷由夫（文科省・教育課程部会道徳教育専門部会主査）は道徳科の充実のために、全教職員でとりくむこと、とくに校長や副校長（教頭）が、全てのクラスの道徳の授業に参加することを提唱し、さらに道徳免許の交付を検討すべきだと述べ、その一部は学習指導要領にも既に反映されている。「教員全員が道徳免許を持つことは道徳の特質から言っても妥当とし、そのために大学の教員免許課程も改変すべきである」（押谷、二〇一三）。これらの主張はそれ自体に非常に大きな問題を含むものであるが、さらに道徳授業の質の向上を図るためには、授業をサポートできる教員の配置が必要で、道徳教育指導教員の加配が求められる。そして指導力のある教員を道徳教育推進教師に任命できるようにするためにも、「道徳教育推進教員に特別手当がつくようにすることも必要であろう」とも言うのである。

そして県独自に道徳の指定校を設け、そこに道徳教育加配教員をつけた広島県の取り組みを紹介し、「その効果は顕著に表れ、学校が抱える様々な課題が改善され、道徳の授業も定着し本来の役割が果たせるようになった」（押谷、二〇一五）と述べている。もちろん、これらは文科省サイドの動きと同期している。例えば「道徳教育に係る教員の指導力向上方策について（道徳教育の充実に関する懇談会報告）平成二五年一二月」では、校長のリーダーシップの下、「学級」「学年」「学校」の壁を越えてお互いの授業を積極的に見せ合うなど、学校全体としてチームで授業改善に取り組むためにも「道徳教育推進リーダー教師（仮称）」の設置を提起している。

果たして、道徳教育をリードする教師とはどのような教師なのか（であるべきなのか）、道徳の免許とはいかようなものなのか。今まで述べてきたように学際的根拠のないものにどのようにして客観性を担保する必要がある免許を授けるのか。また道徳の指導力のある教員と言った場合の指導「力」とは何を指すのか。そしてそれは誰が判定するのか。少し考えただけで、教育学における論理上の矛盾が溢れてくるではないか。そして、指導力のある教員に特別手当を出すという提案に至っては、呆れるほかはない。それらは、古くは主任制度、新しくは主幹制度同様、現場教師の中に新たに差別と分断を持ちこみ、教育実践の根幹となる同僚性を破壊するものに他ならない。

照本（二〇一六）は、文科省が推進しようとしている「チーム学校」は、校長の指揮命令系統の中で、説明責任、外部評価に耐えうる学校をつくるために、顔色をうかがいながら働く教師が増えること、そして教師たちには凄まじい同調圧力がかかり、教育実践の自由がますます奪われていくだろうと厳しく批判する。[*16] 押谷の提案が具体的な姿を現せば、照本の懸念することもまた「道徳教育に熱心なチーム学校」として立ち現れることだろう。[*17]

＊1　「道徳の教科化」を論じた主な社説（二〇一四年）
産経新聞「心捉える教科書と指導を」（一〇月二六日付）
朝日新聞「多様な価値観育つのか」（一〇月二二日付）
毎日新聞「子供の何を見守るか」（一〇月二三日付）
読売新聞「思いやりの心を培う授業に」（八月二八日付）
日本経済新聞「道徳教育には伸びやかに取り組みたい」（一〇月二六日付）
東京新聞「心を評価する危うさ」（一〇月二三日付）

＊2　坪田信貴（二〇一三）『学年ビリのギャルが一年で偏差値を四〇上げて慶應大学に現役合格した話』KADOKAWA／アスキー・メディアワークス
　同書には一人の塾講師による励ましの言葉と評価によって、難関大学に合格した女子高校生の物語が描かれており示唆に富む。
＊3　この問題は、本章五．で述べた「家父長制とパターナリズム」に大きく関連している。
＊4　SAJ：全日本スキー連盟によって、現在まで行われている基礎スキーの大会。一九六四年に開催された「デモンストレーター選考会」を起源としている。
＊5　「技術選　トップの滑りを見逃すな！」、『スキージャーナル』No.606掲載、スキージャーナル社
＊6　ちなみにフィギュアスケートの現在の採点方法は「TES」（トータルエレメンツスコア・技術点）と「PSC」（プログラムコンポーネンツスコア・演技構成点）の合計点である。これは今まで、あまりにも、審査員の主観性に依拠しすぎたために、それを補正するための方策としてとられたものである。
＊7　小学校の実践家・原田真知子（二〇一六）は「知るかボケ！」を連発し授業妨害をするタスクについて興味深い報告をしている。友だちのリョウが語った「『知るかボケ！　ってさ、あれ、本当に『知らない』って意味なんだよ。タスク、知らないこと多すぎて、いつも不安なんだよ』」を受けて、それからはタスクの「意味わかんねぇ」に丁寧に付き合うようになり、その結果、表情の乏しい他の子どもたちにも笑いをもたらし、クラスがなごやかで共同的なものに変化していったと報告している。
全国生活指導研究協議会編（二〇一六）『生活指導』No.726掲載、高文研
＊8　全国生活指導研究協議会編（二〇一三）『生活指導』No.706掲載、高文研
＊9　主として人との関わりに関すること
＊10　学校経営大賞　第四回／「学校力」を高める学校経営の創造―キャリア発達を中心にした体験活動による学校活性化
【学校経営大賞】http://haruka.gyosei.jp/awards/detail/keiei201106.html（二〇一六年五月四日閲覧）

＊11　【馳浩文科大臣記者会見録】http://www.mext.go.jp/b_menu/daijin/detail/1369932.htm（二〇一六年五月六日閲覧）

＊12　【埼玉県教育委員会ＨＰ】https://www.pref.saitama.lg.jp/f2209/kiritsu-22shiryou/index.html（二〇一六年七月六日閲覧）

＊13　第四六回草加・教育のつどい　特別講座「震災・津波・放射能・風評被害に苦しむ福島の学校実態」二〇一二年八月二五日開催

＊14　その後について、古関は次のように報告している。復興が進む中で教育行政による「授業のおくれを取り戻す」などの声が強まり、学校は「正常化」し、再び多忙化と学力競争の中に戻ってしまった（第四六回草加・教育のつどい、同）。

＊15　教員免許更新制度の反対「小＝八三％、中＝八一％、高＝八五％」も多忙化反対という同じ文脈からの批判である。

＊16　照本祥敬（二〇一六）第五八回全国生活指導研究協議会　長野大会基調素案「学校を子どもと教師と保護者が信頼し合える場へ～『チーム学校』を超える〈協働〉をつくる～」二〇一六年五月七日、全国委員会協議会における発言。

＊17　これは「マニュアル化」の問題とも深く関わっている。マニュアル化とは「どんな状況であっても一律に同じ対応をする」ことで、チームとしての説明責任を果たすために使われている。しかし、教育は生きている人間を対象とするものであるから、一律に同じ対応をしようとすること自体が非教育的なのである。「マニュアルは原則だから」という教師がいるが、教育の条理にたった原則論がないために生まれた技術論がマニュアルであると言えよう。

4

第4章

実践の再構築
―アイディアとヒント(視点)

これまで見てきたように、道徳の教科化に関する問題はあまりにも多い。とは言え、現場で道徳科の授業を拒否することは出来ない。また、本来的な意味での道徳性を養う教育の重要性は本書の中で繰り返し述べてきたところである。保守層が主導する反動的な教育政策、それに追随する文部行政を批判しつつも、子どもたちの自立と発達に資する、そして平和で民主的な共生社会の構築に向けて、オルタナティブな道徳教育のあり方が実践的に問われているのである。

ここからは実践をどのように構築すればいいのか、読者の皆さんと共に考えるための材料を提供したい。視点としては、既存の教材をどう扱うか。自主教材をどう編成するか。そして特別活動など学校の教育活動全体を通して道徳性を育む―全面主義的な道徳教育をどのように推進するかという三つがある。

「考え、議論する道徳科への転換により児童生徒の道徳性を育む」「読み物道徳からの脱却を」と文科省は言いますが、教師は、子どもたちの生活現実から切り離された教科書を、子どもの興味関心とは無関係な順番で使うことが多くなるでしょう。個々の教師の工夫や努力よりも、全体に合わせることが優先され、教材を批判的に読みといたり、学級づくりに結びついた生活指導実践とリンクさせたりするなど、内容面での自主編成はできにくくなります。

子どもたちは、（今まで以上に）教科書にそった「徳目」や規範を身につけたふりをした意見、正解らしき決まりきった発言をするようになるでしょう。記述式であっても評価が入ることによって「良い子」や「従順」な態度を演じる子が増えることも懸念されます。

（パンフレット『どうなる道徳？　どうする道徳？』民主教育研究所編、二〇一六）

1．既存の教材の扱い方

金馬（二〇一五）は「今後を考える上で、実は教科書問題は決定的である。教科書通りに実践させられることで、教師独自に目標、内容を設定することが許されないような自治体が現れる可能性が高いからである」と述べている。出版労連の吉田典裕は、道徳の教科書はこれまで以上に問題が多く、各社教科書の編集・検定・採択過程、検定基準の改訂によって大きく影響されるが、いずれにしても文科省の統制がこれまで以上に厳しくなると警鐘を鳴らしてきた。その懸念は教科書検定（二〇一七年）によって現実のものとなった。それについて吉田は「自粛と萎縮」が根幹にあると指摘する。[*1]

さらに、これまでのように特定の語句を対象にした検定意見ではなく「全巻」について「学習指導要領の内容に照らして、扱いが不適切である」という検定意見が四八件もあり、「今後は、個々の記述だけでなく、単元や題材、節、見開きページなど一定のまとまりも含め……検定基準において規定する」（二〇一七年一月「教科書の改善について（論点整理）」）という恣意的な検定とそれを〝忖度〟した自主規制が無限定に行われる危険性を示した（小佐野、二〇一七）。

これまでもそうであったように、各学校では現場教師による工夫された実践も「これは道徳ではない」「これは道徳科の教材として合っていない（ふさわしくない）」などの「指導」がなされる可能性も否定できない。とするならば、既存教材をまるっきり使わないというのも現実的には難しい。しかし、教科書や付随する副教材（ワークシート等）、指導プランを見る限り「ねらい、流れ」をそのままにしておいては、観念的な道徳の押しつけに陥ってしまう。この問題を念頭に置きつつ、本節では、〝定番〟教材のいくつかを取り上げ、それをどのように扱えばいいか検討することにしよう。そのポイントになるのは〝読み替え〟〝新しい物語〟〝社会的視点〟である。むしろ徳目の押し付けや矛盾が多い教材ほど〝考え、議論する道徳〟として「活用」しやすいとも言えよう。

(1) かぼちゃのつる

「かぼちゃのつる」は小学校低学年で扱われており、検定教科書全てに記載されている定番中の定番の教材である。物語の始まりは以下である。

あめいろの　お日さまが、ぎんぎら　ぎんぎら、まぶしい　あさです。
かぼちゃばたけの　かぼちゃのつるは、ぐんぐん　ぐんぐん、のびていきました。
「ぼく、こっちへ　のびよう。」
かぼちゃのつるは、はたけのそとへ　のびていきました。

このあとかぼちゃは、みつばち、ちょうちょの注意を無視してついに隣のすいか畑までつるを伸ばしていく。すいかは「あのね。こちらへ　のびるより、そちらへ　のびたほうが　いいですよ。あなたの　はたけは、まだまだ、すいていますよ。」と嫌がる。しかしかぼちゃはすいかの話を受け止めることもしない。そこに通りかかったこいぬがが言う。「ここは、ぼくや　人の　とおるみちだよ。こんな　ところに　のびては　こまるよ。」しかし「ぜいたく　いうない。またいでとおれば　いいじゃないか。」とかぼちゃのつるは、いじわるそうに　こたえる。「なんだと。おとなしく　いえば　いいきになって、なんてことをいうんだい。」こいぬは　おこって、かぼちゃのつるを、どしん　どしんとふみつける。それでもかぼちゃは言うことを聞かず、こいぬはあきらめて去ってしまう。そこににくるまが通り（教材によってはトラックになっている）、ぷつりと、かぼちゃのつるをきってしまう。

物語は以下のような終末で余韻を残して終わる。

「いたいよう、いたいよう、あーん、あーん………。」
かぼちゃのつるは、ぽろぽろ。ぽろぽろ、なみだを　こぼしてなきました。
お日さまは、あいかわらず、ぎんぎら　ぎんぎら、てりつけていました。

（文科省　小学校　道徳の指導資料より）

この教材のねらい（徳目）は以下のように記されている。

1）主題名　わがままなふるまい　　内容項目１―⑴
健康や安全に気を付け、物や金銭を大切にし、身の回りを整え、わがままをしないで、規則正しい生活をする。

●　指導の流れ

場面１「ぼく、こっちへのびよう………」

○　かぼちゃは、どんなことを考えてぐんぐんのびましたか。

場面２「かぼちゃのつるは、すいかのはのうえに…」

○　かぼちゃは、なぜ、すいかのはのうえにつるをのばしていったのでしょう。

場面３「ぜいたくいわない。またいで…」

○　かぼちゃはつるをふみつけるこいぬに対してどんなことを思っていたでしょう。

場面４「いたいよう、…かぼちゃは、ぼろぼろ、ぼろぼろなみだ」（中心場面）

◎　かぼちゃは泣きながらどんなことを考えていたでしょう。

ねらいにある通り、「わがままはいけない」「人に迷惑をかける行為はやめよう」という徳目を教えるための教材である。この教材における問題点はなんだろうか。大学における授業「道徳教育の研究」や生活指導サークルなどで検討した結果は以下のとおりである。

・かぼちゃのつるが伸びるのはあくまで自然の摂理である（擬人化に著しい無理がある）。

・かぼちゃに対して、注意をする他者―例えばどしんどしん踏みつける子犬―こそが問題である（常に一方的でかぼちゃの気持ちに寄り添う他者はいない）。

・かぼちゃを子どもに例えているわけだが、そもそも子どもは本来わがままなものである。伸びたいという気持ちを尊重しなければならないのではないか。

・こいぬの注意の仕方は一方的で、暴力的で力で言うことを聞かせようとしている。
・言うことをきかなければ、罰を受ける。つまり自業自得の物語になっている。「痛い目に合わないうちに強いものには従え」という従属的人間をつくる。
・つるを切られて涙をこぼしているかぼちゃは「自己責任だから当然だ」という新自由主義的人間観に覆われている。
・注意されたから従うのではなく、「正しい」から従うでなければならないはず。その「正しさ」を考えるのが道徳なのではないか。
・そもそもつるを伸ばす行為はわがままと規定していいのか。
・わがままとは何なのか。
・わがままはいけないことなのか。

筆者が所属する生活指導サークルで、この教材をテーマに模擬授業が行われた。ベテランのA先生は、埼玉県内で広く行われている「師範」授業を上記の指導プラン（図15）を出来る限り忠実に再現した。カラフルなペープサートを用い、いかにも低学年の子どもたちの目線に立った授業展開であったが、山場となったのは、「わがままな心はかぼちゃさんだけではなく、みんなにもありますね。それはどんな時でしょう」という教師の発問であった。

生徒役の参加者の一人が挙手をした。

	教師	予想される反応	用意　◎掲示　◇板書
導入	○「わがまま」という言葉を知っていますか。 「わがままな心」について考えましょう。	・いうことをきかない。 ・自分勝手。 ・だだをこねる。	◇「わがままなこころ」
展開・前段	○きょうのお話は「かぼちゃのつる」です。 ○「つる」ってわかりますか？ あさがおにも「つる」がありますよね。 ○きょうの主人公は、「かぼちゃ」です。 わがままなところがあります。 ○かぼちゃのほかに、「はち・ちょうちょ・ すいか・いぬ」もお話に出てきます。 さあ、どんなお話でしょう。		◇「かぼちゃのつる」 ◎かぼちゃ ◎わがまま ◎はち　ちょうちょ すいか　いぬ
展開・後段	資料わたし：紙芝居　終了後着席指示 ○主人公のきもちについて考えましょう。 ①ぐんぐんつるをのばしているとき、 かぼちゃさんはどんな気持ちでしょうか。	・どんどんのばそう。 ・いいきもち（白）。 ・もっとのばしたいな。	◎ぐんぐんぐんぐん、 つるをのばす ◇ぐんぐんのばして いるとき
	○ぐんぐん、つるをのばしていますが、 そういえば、だれかに注意されましたね。 どんなことを注意されましたか。 板書計画に基づき、話題は黄色のチョーク、児童の発言をある程度まとめて白色チョークで板書	・はち ・ちょうちょ ・すいか ・いぬ	◎「こっちはひとが とおるみちだよ」 ◎「あなたのはたけは、 まだあいていますよ。」 ◎「わたしのはたけに はいらないで。」 ◎「これでは とおりにくいよ。」
	○こんなに注意をされましたが、かぼちゃさんは、 つるをぐんぐんのばすのをやめたのかな。 ②注意されてもきかないかぼちゃさんは、 この時、どんな気持ちでしょうか。 （意見が出ないようなら児童に役割演技をさせる）	・やめない。 ・きもちがいい。 ・すこしぐらいいいだろう。 ・なんでちゅういを されなければならないんだ。 ・かってだろう。	◇ちゅういされても きかない
	○ぐんぐん、つるをのばしている かぼちゃさんですが… ③つるがきれてしまいました。つるがきれて しまって、どんなことに気づきましたか。 ○つるがきれたときの、かぼちゃさんの気持ちを 言ってみてください。（なりきって役割演技）	・いたい！ ・みんなのちゅういを きいておけばよかった。 ・じぶんのはたけだけに、 しておけばよかった。	◎トラック ◎ほどく ◇つるがきれたときに きがついたこと ◎♡
	◎かぼちゃさんの、どんなところが 「わがまま」ですか。	・ちゅういされてもきかない ところ。 ・みんなのめいわくをかんがえ ないで、つるをのばしたところ。	◇だれにでもある、 「わがままなこころ」
	◎でも、「わがままな心」は、かぼちゃさんだけ でしょうか。みんなにもありますね。	・ある！	◇「わがままなこころ」 にブレーキ
	◎かぼちゃさんは、どうすればよかったのかな。	・わがままなこころにストップ をかければよかった。	
	◎今日の授業で分かったことを 「かぼちゃさん」に教えてあげましょう。 どんなことを教えてあげますか。	・わがままは、まわりのともだち にめいわくをかけてしまうから、 やめたほうがいいよ。	◇みんなの考え
終末	○今日のお話から、「わがままな心」について 考えましたね。先生も、みんなぐらいのときに、 「わがままな心」にブレーキをかけられなくて、 失敗したことがあります。聴いてください。 教師によるわかりやすい説話でまとめる。	・小学校１年生の頃、友達と暗くなるまで遊んで、 家の人を心配させてしまったこと。 ・小学校３年生の頃、甘いものが大好きで、 でも歯を磨くのが面倒になって、しなかったら、 むし歯になってしまったこと。	

図15

ぼくのお父さんは、国会というところで、おまわりさんに「きまりなので道路には出ないでください」と言われたのですが、とくに車も通ってないし、どう見ても危なくもないので、道路に出たそうです。ぼくは、「お父さん、決まりを守らなきゃだめじゃないか」と言ったのですが、お父さんは「憲法というもっと大きな決まりが破られようとしているんだから、それを防ぐために小さな決まりをやぶることはしようがないんだ」と言ってました。先生、お父さんはわがままなんですか。悪い人なんですか。

勿論、意図した「意地悪」な質問なわけだが、A先生はそれに答えることはできなかった。こうした例は極端なものだとしても、子どもの心の中には「ワガママって言われるけど、それは何なんだろう?」という同様なものがあるのではないか。しかし「わがままはいけない」という徳目が身体に刻みこまれた時に、「自分にとって本当に必要な要求」を出せない大人になるのではないか。それは例えば、ブラック企業の中での長時間に渡る不当な労働環境や、セクハラ・パワハラに対しても「声をあげることは自分のワガママ」「こんなことを言ったら波風が立つ、それなら自分が我慢した方がいい」というような心理状態をつくりだすものだろう。これは自己責任において、すべての物事を処理しなければならないという非人間的な論理であると同時に、人間と社会に対する無力感（絶望）を生み出す。これが「かぼちゃのつる」の底流にあるヒドゥン・カリキュラム（隠れているねらい）である。とするならば、どのようにこれを転換していけばいいのだろうか。

指導プランにある発問の流れではなく、読み替えの視点として、次のような発問を組み入れてみたらどうだろうか。

・かぼちゃさんはどうして、みんなのちゅういをきかなかったのかな
↓みつばち、ちょうちょ、とくにこいぬのちゅういの仕方に注目させる
・みんなも、こんなけいけんをしたことがあるかな
・かぼちゃさんは、わがままなのかな
↓わがままだとおもう人はそのわけ、ちがうとおもう人はそのわけを発表してみよう
・わがままってどういうことなのだろう

⑵ 手品師

「手品師」は、小学校高学年道徳における定番中の定番である。

腕はいいが、（その日のパンを買うのもやっとという）売れない手品師がいた。

「大きな劇場で、はなやかに手品をやりたいなあ。」

いつも、そう思うのですが、今のかれにとっては、それは、ゆめでしかありません。それでも手品師は、いつかは大劇場のステージに立てる日の来るのを願って、うでをみがいていました。

そんな手品師が帰り道に小さな男の子と出会うところから物語は始まる。しょんぼりと道にしゃがみこん

でいる男の子は、寂しそうな顔で「おとうさんが死んだあと、おかあさんが、働きに出て、ずっと帰ってこない」と答える。かわいそうに思った手品師はその場で手品を披露する。喜んだ男の子は明日も来てほしいと頼む。


「ああ、来るともさ。」

手品師が答えました。

「きっとだね。きっと、来てくれるね。」

「きっとさ。きっと来るよ。」

どうせ、ひまなからだ、あしたも来てやろう。手品師はそんな気持ちでした。


その夜、はなれた町に住む仲の良い友人から大劇場に出られるチャンスがめぐってきたので、今夜中に立ってチャンスを活かせという電話がかかってくる。

「あのう、一日のばすわけにはいかないのかい。」

「それはだめだ。手術は今夜なんだ。明日のステージにあなをあけるわけにはいかない。」

「そうか………。」

迷った末に、手品師は子どもとの先約を選択することを告げる。

「せっかくだけど、あしたは行けない。」

「えっ、どうしてだ。きみがずっと待ち望んでいた大劇場に出られるというのだ。これをきっかけに、きみの力が認められれば、手品師として、売れっ子になれるんだぞ。」
「ぼくには、あした約束したことがあるんだ。」
「そんなに、たいせつな約束なのか。」
「そうだ。ぼくにとっては、たいせつな約束なんだ。せっかくの、きみの友情に対して、すまないと思うが……。」

そして以下のような末尾で物語は終わる。

「きみがそんなに言うなら、きっとたいせつな約束なんだろう。じゃ、残念だが……。また、会おう。」
よく日、小さな町のかたすみで、たったひとりのお客さまを前にして、あまり売れない手品師が、つぎつぎとすばらしい手品を演じていました。

（文科省　小学校　道徳の指導資料とその利用1）

この話の徳目は「誠実」である。原作者の江橋照雄（一九三二―一九九九年）は「清明心」という理念がこの話の核だと主張している。清明心とは戦前の修身で用いられた概念で、清く明るい心と書き、くもりなく、すがすがしい心と説明されている。それを裏付けるように、教科書や各地で実施されている指導プランの多くは次のようなねらいが記されている。

●自分の利害損得にとらわれることなく、自分の中にある誠実な心を見つめ直し、明るい人生を送ろうとする心情を養う。

そして、このねらいにそって展開される指導案が主流となっている。例えば、二〇一七年の教科書検定合格『みんなで考え、話し合う　小学生の道徳』（廣済堂あかつき株式会社）には資料の末尾「学習の道すじ」に以下のような記述がある。

手品師の迷いと決断を通して、誠実であることのすばらしさについて考える。
・手品師は、どのようなことを考えて迷っていたのでしょう。
・手品師はどのように考えて、友人の誘いをきっぱりと断ったのでしょう。
・「ぼくにとっては」という手品師の言葉の意味を、生き方として考えてみましょう。
・人に対して誠実に応えることができたとき、どんな気持ちになりますか。

そして別冊「自分を見つめて」には、関連項目として以下のように記載されている。

誠実に明るい心で
うそを言ったり、ごまかしをしたりしたとき、他の人の信頼を失うばかりか、後かいや自分を責める気持ちがわいてくるのはどうしてでしょうか。自分ではよくないと思うことを周囲に流されてやってしまったとき、後ろめたさで心が晴れないのはどうしてでしょうか。
うそやごまかしで、その場をしのぐことはできても、それは本当の解決にはなりません。自分の心に正直に、誠実に生きることは、あなた自身を向上させ、自信につながっていきます。

この教材は非常に人気があり、大量の指導案がすでに発表されているが、その大半は上記のねらいを踏襲するものであり、プロットに大きな差異はない。基本的には「葛藤の末、子どもとの約束を守った手品師の誠実な心」を学ぶことであり、その「見本的な」生き方に誘導するものである。読者のみなさんはこの物語に対して、どのような分析をするだろうか。

・手品師の行動は「誠実」という言葉でくくれるものなのか。
・他の人に頼む、書き置きをするなどの代替え案は「誠実」ではないのか。
・子どもは手品師が、自分との約束を〝無理して〟守ったことを後から知ったらどんな気持ちになるだろうか。
・自分の夢を実現するという自分自身への「誠実」さを求めることが手品師には認められないのか。
・なぜ腕がよく、こんな「良い」人である手品師が貧困なのか。
・そもそも、子どもはなぜ街角にひとりぼっちで放置されているのか。
・「おとうさんが死んだあと、おかあさんが、働きに出て、ずっと帰ってこない家庭」を生んでいる社会に問題はないのか。

松下（二〇一二）は「大劇場」の観衆や「芸」という本質を問うことなしに判断した手品師の行動をある意味での裏切りとした上で、代替え案が出された場合について次のような主張を展開する。

「男の子」はがっかりするでしょうし、ひょっとしたら泣きわめくかもしれません。でもそのとき「男の子」は手品師として生きることのきびしさを、そして手品は隠し芸や宴会芸以上の「芸事」であり得ることを同時に知るはずです。あわせて、貴重な文化は独占してはならないということも学びます。さらにいえば、男の子はそこで「誠実」についても学びます。やむなく約束に背かざるをえないとき、約束をした人に対して誠実に対応するにはどうしたらいいかを身をもって知るからです。「男の子」は一方的に犠牲を強いられるわけではありません。むしろ、人として成長する上で、貴重な学びをするといえるのです。
（『道徳教育はホントに道徳的か？』日本図書センター、二〇一一、p.32-33）[*2]

他にもいろいろな観点がないかを各自、考えてほしい。

道徳教育の研究（二〇一六年大東文化大学、後期授業）において、受講生は課題レポート「道徳教材・手品師の問題点を指摘せよ。問題がないと思われる場合はその見解を記せ」の中で次のような主張をしている。

教材の問題点は、手品師に与えられた二つの選択肢である。手品師は大劇場の舞台に立つか、男の子に手品を見せるかというどちらかの選択にせまられ、男の子との約束を優先した。問題点は「舞台の選択は不誠実で責任感がなく、男の子との約束の選択には誠実で責任感がある」を読み取らせることにある。この教材を読むにあたって、このように隠された意図、つまりヒドゥン・カリキュラムがたち表れることに問題を感じる（M）。

この話は、大劇場に立つことを夢見る売れない手品師に人生の大チャンスが訪れるが、葛藤の末小さな男の子との約束を選んだという話である。この話の問題点を道徳教材としての観点も含め三点述べる。まず一点目は、主人公の手品師が置かれている状況にある。なぜ主人公はその日のパンを買うのもやっとと言う状況なのだろうか。手品の腕を磨くことに二四時間を費やすはずがない。他の仕事に就くことができなかったのだろうか。アルバイトでも一日数時間働くだけでお金は稼げる。働こうとしなかった主人公自身または、働けない状況の社会背景の問題である。二点目は、小さな男の子が置かれている状況にある。お父さんが亡くなった後、お母さんがずっと帰ってこないほど働かなければならないのはなぜだろうか。生活保護や社会保険はどうなっているのか。男の子が一人で街に出ている事自体危険なことであるが、その状態を作ってしまった社会もまた問題である。三点目は次の問いである。「まごころを持って、人との約束をはたそうとしたことありますか」子どもに対してこの質問をする意図は何だろうか。私が子どもだったら「あります。まごころを持つ事は大切なことだと思っているのでこれからも約束はしっかり守っていきたいです」「いや、今まではなかったけれどこの話を読んでまごころを持ってしっかり約束を果たすことの方が大切なんだと思いました」と言ういい子ちゃんの答え方をするだろう（T）。

そして次のように述べた学生もいた。

私はもう一つの物語を読み解くことが苦手である。なぜならどうしても模範解答を探してしまうからだ。話を多角的に見ることや疑問を持つことの大切さはわかっているが、大学三年生になった今でも、自分の考えが教師や友達と違うと焦りを感じ、自分の考えを曲げてしまう。なので私は自分の考えを外に出すのが苦手なのだ。今まで「間違ってもいいから自分の意見言ってごらん」「いろいろな考え方があってもいいんだよ」と教えられてきたし、あからさまに「それは違う。これ以外の解答は認めない」と言葉にしていた教師に私は出会った事はない。しかし教師、そしてその裏にある国が求める模範解答は必ず存在し、それに合わない考えは評価を下げるなどして、確実に模範解答へ導こうとする。自分とは異なる考えを認める、自分の意見を持つことが大切と言っておきながら矛盾しているんじゃないかと思う。そして「間違ってもいいから自分の意見を言ってごらん」「いろいろな考えがあってもいいんだよ」と言う言葉の裏には、「ただし、教師、国が認める範囲でね」と言う思惑があるのではないか。私は小さい時から知らず知らずにこうした教育の中で育ってきたのかもしれない（K）。

Mの観点は「ヒドゥン・カリキュラム」を鋭く問うものであり、誠実という徳目の意味を問い直す必要を主張したものである。Tは物語の背景にある社会の問題を告発する。そしてKは「道徳教育」の持つ本質的な胡散臭さを自分の体験から批判したものである。これらの指摘をふまえつつ、この教材を使わなければならないとしたら、どのような展開が考えられるだろうか。アプローチは多様にあるが、堀越優希（当時・横浜国立大三年）は教育実習で、既存の指導案を元にしつつ、その後半を大きく改変した授業を行った。堀越はこの授業について以下のように述べている。

道徳の授業の要点
・作品の誠実さはどこに表れているか考えた
　↓児童の考える誠実さは、どのようなものか捉えようとした。
・手品師の行動が良かったのか、悪かったのかを考えた
　↓男の子に会いに行かなかった未来を想定し、児童に提示した。

そして、こうした授業展開にした理由を「手品師」を指導書通りに授業をすることに疑問があったからだと述べる。なぜなら、手品師の誠実さの背景には、強い自己犠牲があると考えたと言う。また、道徳の授業は結論を一つに導く傾向にあることに対して、様々な考え方を児童同士で共有し、より多様性のある考え方をした方が「道徳的思考ができる」と考えたためである。

以下は堀越作成の指導案である（図16－17）。

時間	○児童の学習活動	□教師の支援
	目標：誠実さとは何か（考えよう） ○誠実さと聞いて連想する場面を発表する。 ○なぜ劇場に行かなかったのかという視点に注意して、「手品師」の範読を聞く。	□教材・手品師にちなんで手品を紹介する。 □読みの視点を黒板に板書する。 【なぜ手品師は劇場に行かなかったのだろう。】
	発問１：なぜ、手品師は劇場に行かなかったのだろう。	
	○まず自分で一つの理由を書く。 ○グループで共有した後に発表する。 〈予想される反応〉 「男の子を笑顔にするため」手品師 「自分の夢よりも男の子のことを大切に思ったため」 「そっちの方がかっこいいから」 「お金より大切なことを見つけたから」	□誰に対する誠実さだったかも追加で問う。 □「じゃあこれが誠実さなのかな」と問い、いったん立ち止まる機会を設ける。 →「大劇場に行ったら誠実じゃないのかな。」
		□「もし、手品師が劇場に行っていたらどうなっていたと思う？」と児童を引き付けたのち、次の活動に移る。
	手品師のもう一つの物語を配布する。	
	○なぜ手品師は大劇場に行ったのかという視点に注意し、教師の範読を聞く。	
	○まず自分で一つの意見を書く。 ○グループで共有したのち、発表する。 〈予想される反応〉 「自分の夢をかなえたかったから。」 「別の形で男の子のためになれると思ったから。」 「夢を諦められなかったから。」 「友人の期待に応えようと思ったから。」	□この手品師の考え方も一種の誠実さであることを伝える。

図 16　堀越優希作成指導案

	○どちらも同じ「誠実さ」ではあるが、向けられる 方向が違ったり、考え方が違ったりすることを 学習する。 〈予想される反応〉 「一つ目の手品師は男の子に対してだけだけど、 二つ目の手品師は自分についても考えている。」 「二つ目は男の子に結局何もできていないが、 違う形で誠実になろうとしている。」 「どっちも誠実だけど、考え方が違う。」	□「どちらがより良いか」を 評価するのではなく、 異なる「誠実さ」を知るように促す。 →「どっちも良さがあるよね、 違いは何だろう。」
	【まとめ】あくまで例、その場に応じて意見をくみ取り共有する 「誠実さって、皆が気づいたようにこんなに形が違うんだね。最初の手品師みたいに夢を捨ててでも男の子のために頑張る誠実さ、二つ目の手品師みたいに男の子との約束は破るけど、自分の夢をかなえ、違った形で男の子のような人を救う誠実さ。誠実さって、自分だけが我慢してもダメだし、自分だけが良くてもダメなんだね。」 ○教師の実生活で「誠実に行動するための アドバイス」を聞く。 「もしも、手品師が男の子の背景（貧しいこと、 両親がいないこと）を知らなかったとしたらの話」 →「見過ごしたかもしれないよね。これって誠実？」 →「表面じゃなくて相手の背景を考えて 行動することが大事」 ○手品師はどうすればよかったのか、 もう一つの選択肢（物語を考える）。 自分にとって誠実とは何かを書く。 →書ききれなかったものは宿題	分かっていたからこそ、 そう行動した。相手の状況を 知らなくても、背景を考えることが 大事。 ☆〔評価〕誠実とは何かという 問いに対して、自分なりの答えを 持っている。〔ワークシート〕

図16　堀越優希作成指導案

以下は堀越の作成したオリジナルの後半部分

「もうすこし、くわしく教えてはくれないか。」

友人の話によると、今評判のマジックショーに出演している手品師が急病で倒れ、手術をしなければならなくなったため、その人の代わりを探しているのだそうです。

「公演を一日、延ばしてもらうことは出来ないのかい。」

「それはだめだ。手術は今夜なんだ。明日のステージに穴をあけるわけにはいかない。」

「そうか――。」

手品師の頭の中では、大劇場の華やかなステージに、スポットライトを浴びて立つ自分の姿と、さっき会った男の子の顔が代わる代わる浮かんでは消え、浮かんでは消えていました。

（このチャンスを逃したら、もう二度と大劇場のステージには立てないかもしれない。しかし、明日はあの男の子が僕を待っている。）手品師は迷いに迷いました。

「いいね。今夜立てば、明日の朝にはこっちにつく。待ってるよ。」

友人は、もうすっかり決め込んでいるようです。手品師は受話器を持ちかえると言いました。
※以下がオリジナル
「わかった。今日の夜に出発しよう。」

図 17　堀越優希創作「手品師」後半

「そうか。それは本当に良かった。僕は長年、君の夢をかなえるお手伝いをしたかったんだ。君ならきっと大劇場でも成功できるぞ。」

友人は手品師が来てくれることに感謝し、とても嬉しそうでした。

（僕は、男の子との約束を破ることになる。それで本当にいいのだろうか…。）

しばらく黙っている手品師を不思議に思い、友人がたずねました。

「どうしたんだい。大劇場で公演できるのがうれしくないのかい。」

「いや。とてもうれしいよ。君が誘ってくれた友情にも感謝している。ただ、明日は僕にとって大切な約束があったんだ。それを破っていいものかと…。」

「そうか。でも、これはきみの夢を叶えるチャンスなんだ。それをよく考えて選んだのだから、僕はいいと思う。」

「――ありがとう。」

手品師は、何かを決意したようにきっぱりと答えました。

数年後、手品師は大スターとしてマジック界に名を挙げました。

彼は、稼いだお金をなんと「あの男の子」のような貧しい子どもたちのために、使おうと決意していたのです。あの男の子に会うことはありませんでしたが、自分の夢をかなえて、更にたくさんの貧しい子どもたちを救っていました。

実際の子どもたちの反応については以下のようにまとめている。

・答えのない問題を考えるのは楽しそうだった。

↓「道徳の授業は、言ってほしい答えが準備されている」と言っていた児童も、他の児童と相談しながら考えることが出来ていた。

・（手品師の行動と未来について）他の可能性を考えることができた。

↓文章に書いてあるものをどう判断するかではなく、自分なら「何故、どうするか」の意見を考えることが出来ていた。

堀越は授業検討会で「実生活に関連させて、具体的事例を提示すべき」という他の教師からの意見に対して、〝具体的に約束を守る場面を提示し、こういう時はこうしよう！〟と教え込むいわゆる「徳目押しつけ型」の授業は避けたかったと主張する。

具体的な話に落とし込んでしまえば、児童だって「きれいごと」だと思うだろう。具体的に「こうしろ、ああしろ、これがよい」の授業なら、そんな道徳の授業はなくなった方がいい。道徳の授業は、葛藤と意見の交流がある多面的なものにしたい。

（民主教育研究所「道徳の教科化に関する全国交流集会」における報告　二〇一七年一月八日）

そして、「特別活動の時、放課後いっしょに遊ぶ時、給食で話す時、ケンカをしてしまった時―そんな生活経験の中から、実生活に関する道徳モラルは養われる」と述べる。堀越の実践は、しばりの強い教育現場においてかなり挑戦的な試みである。[*3] もちろんこの指導案にも検討されるべき点はある。しかし、こうしたアプローチは教師自身の道徳観を哲学的に問い直し、子どもと共に「誠実」とは何かを考えるものになるだろう。それは手品師の生き方を「誠実な生き方」としてモデル化し、そうした徳目に誘導するものとは大きく異なることは間違いない。

(3) 橋の上のおおかみ

この教材も全八社の教科書に掲載されている。道徳科の実施が決まる前から全国各地で展開されてきた典型的な道徳授業のひとつである。

山の中にある一本橋の通行をめぐるおおかみと他の動物達の交流を描いたものだ。渡ってきたうさぎやたぬき、きつねなどの小動物をおおかみが「こらこらもどれ」と次々と追い返してしまう。おおみはこのいじわるが楽しくなってしまうが、あるとき自分よりも大きいくまに出会う。ところがそのくまは、おおかみを追い返すことはせずに、おおかみをそっと抱き上げてうしろにおろすのである。やさしいくまの後ろ姿を見送ったおおかみは、次にうさぎと出会った時には、くまと同様な行動する。末尾は以下のようにしめくくられている。

「えへん　えへん」いいきもちです。ふしぎなことに　おおかみは　まえより　ずっと　いいきもちになりました。

（『どうとく1　きみが　いちばん　ひかるとき』光村図書）

主発問は以下のようなものが代表的である。

あいてにしんせつに

おおかみはどんな気持ちで「もどれ、もどれ」と言って動物たちを追い返したのでしょう

おおきなくまに気づいたとき、おおかみはどんなことを思ったでしょう

くまの後ろすがたを見送りながら、おおかみはどんなことを思ったでしょう

おおかみが前よりずっといい気持ちだったのは、どうしてでしょう

だれかにやさしく親切にしたことがありますか。そのとき、どんな気持ちになりましたか

道徳科推進の早川裕隆（上越教育大学大学院教授）は、この教材について以下のように述べている。

主題とねらいですが、例えば小学一、二年生で「親切、思いやり」を扱う教材「はしのうえのおおかみ」の主題を、「うれしいな」とします。「親切にすると自分も相手も両方いい気持ちになるよ。」「いじわるするより親切にした方が嬉しい気持ちになるよ。」ということを理解させたいのです。ねらいは「おおかみの二つのエヘンエヘンの違いを比べることで、いじわるして気持ちよくなるより、親切にして気持ちよくなる方がずっと嬉しいことに気付かせ、親切にしようとする心情を育てる」とします。

（「記念講演　これからの道徳に求められるもの〜役割演技の活用を踏まえて」埼道研会報、第九五・九六合併号、埼玉道徳教育研究会発行、平成二九年三月二一日）

早川が述べるように、たしかに「いじわるして気持ちよくなるより、親切にして気持ちよくなる方がずっと嬉しい」という心情は分かる。講演内で早川は〝現代の子どもたちに思いやりの心が欠けている〟と述べている。そうした一方的な言説には与みしないが、「（他者）に、親切にしようとする心情を育てる」ことに異論はない。しかし、子どもは〝そもそも、こうしたことを理解していないのだろうか。すでに、多様な生活経験の中で既知のものとして獲得してきている―（知っている）のではないか〟という問いは必要だろう。

例えば、「攻撃された弱者を見ても何もしない『傍観者』より、弱者を助ける『正義の味方』を選ぶ性質が、生後半年の乳児の段階で備わっていること」を明らかにした京都大などの研究グループの論文が英科学誌『ネイチャー・ヒューマン・ビヘイビア』に掲載された[*4]（藤井、二〇一七）。

それらを考えることを抜きにして、「理解させたい」「心情を育てる」というねらいの立て方に、言わば大人から（未熟な）子どもに向けられた家父長主義的な道徳観を感じるのである。それは結局のところ、「他者に親切にしなければならない」という徳目の押しつけにつながる。中には短絡的に〝いじわるのほうが楽しい〟と言う子どももいるかもしれない。むしろそうであれば、そうした「本音」を出させながら話し合いをしたらよいのではないか。

「差別をしてはならない」「人権を守らなければならない」等と同様にこれらは言わば、ポリティカル・コレクトネスとして自明のことである。しかし、リアルな現実社会においてそれは額面どおりに作用しない。それは大人も子どもも一緒である。とするならば、「いじわるして気持ちよくなるより、親切にして気持ちよくなる方がずっと嬉しい」ことを教えたいならば、同時に〝なぜいじわるをしてしまうのか、なぜ親切に出来ないのか、どうすれば親切に出来るのか、はたして親切とは何なのか〟を子どもと問い合いたい。

松永（二〇一七）は、動物を主人公とした読み物を使って、一つの徳目に特化して指導する道徳に疑問を持ち、取り上げざるをえないならば「おおかみくん、ぼんやりうさぎめ、くまさん」という互いの呼称の変化に注目し、力関係について学ぶ教材にしてはどうかという提起をしている。[*5] 読者のみなさんには、これ以外にどんな視点があるか是非考えてほしい。

パウロ（二〇一六）はこの教材について次のように述べている。

原作となった「一ぽんばしのやぎ」と比較して、「やぎの話では問題の打開策がまったく見いだせないまま終わってしまいますけど、おおかみの話では解決していますし、なにより物語としての出来が格段に優れています。取って代わられたのも納得です。でも……」「丸太橋をもう一本かければいいんじゃね？」ですよねえ、そうすればみんながスムーズにストレスなく、橋を渡れるのに。このお話の作者は、生活の不便は助け合いや譲り合いの精神によって解決すべきだと訴えたいようです。だけど、この場合は、橋を増やすという手段こそがみんなをハッピーにする、まさに建設的な方法です。くまやおおかみなど森の仲間が力をあわせて丸太を切って運び、もう一本、橋をかけるのも助け合いの精神の実践です。

（パウロ・マッツァーリノ〈二〇一六〉『みんなの道徳解体新書』ちくまプリマー新書、p.47）

この指摘は、インフラ（生活の基盤となる施設）の視点を取り入れることによって、道徳が心理主義に傾くことへの痛烈な批判でもある。現場で実践しなければならないとしたら次のような組み立ても有効ではないだろうか。

みんなハッピーになれるかな＊6

おおかみはなぜいじわるをしたのかな。みんなにはそんな気持ちはないかな＊7

どうしていじわるをしたくなったりするのかな＊8

くまさんはどうして、こういうほうほうを思いついたのかな

また、はしをわたりたい動物たちが同時にいたらどうすればいいかな

→急いで渡りたい動物たちがたくさんいたらどうかな

ゆずりあう以外のほうほうはないかな

道徳科が、〝社会福祉部門を限りなく縮小し、自己責任の名において問題を個人に抱えさせる新自由主義政策〟を下支えすることは、一章で述べた通りである。「はしのうえのおおかみ」がそうしたヒドゥン・カリキュラムを撃つものに転換できる可能性があるとしたらある意味、痛快ということもできよう。

⑷ ひつじかいとおおかみ

この教材もまた、古くから道徳の副読本に掲載され検定教科書にも登場する。もともとはイソップ童話の寓話である。教科書によって詳述に差はあるが、村外れに住む羊飼いの子どもが、大人の気を引きたくて度々、「おおかみがきた」とウソをつき村人を呼び寄せるが、本物のおおかみがやって来て最後には羊（または子ども）が食べられてしまうというものである。

代表的な指導プランは以下となる。

【主題名】「ひつじかいのこども」1―（4）正直・誠実・明朗（出典：『あかるいこころ　一ねん』）

【ねらい】うそをついたりごまかしたりすると、信頼されなくなることに気付き、明るく誠実に行動しようとする気持ちをもつ。

【資料の概要】羊飼いの子どもは、自分の退屈しのぎに「狼が来た」と何度もうそをつく。最後には、本当に狼が来てしまう。

［ゆたかな心―新しい道徳―］指導資料道徳の年間指導計画例

●「『わたしたちの道徳』との関連」付き●　1年　光文書院

◆本時のねらい

○うそをつくと、たいへんなことになることがわかる。

○うそだけでなく、「してはいけないこと」はたくさんあることがわかる。
○「してはいけないこと」をもっとたくさんさがそうとする。

1　羊飼いの仕事について知る。
2　資料『ひつじかいとおおかみ』を読んで考える。
3　自分は絶対にしないと思うことについて考えてくる計画を立てる。

●資料の道徳的・教育的意味

羊飼いの仕事に飽きた子どもが、「狼が来た」とうそをついて村人を何度もだます。ほんとうに狼が来て助けを呼んだとき、またうそに違いないとだれも助けに来なかったというイソップ童話をもとにした話である。うそを続けると信用してもらえなくなるということに気づかせることができる。

【発展】P42・P43を活用して、重点主題で学んだ「してはいけないこと」について、みつめる活動をさせる。

この教材への批判的分析に関しては、渡辺（二〇一四）の中に詳しいが、それらを参照しつつ改めて論点を整理してみよう。図18は戦前の「修身」教科書の最後の一ページであるが、イソップ童話「おおかみと少年（あるいは　羊かいの少年）」が出典である。

長女が小学二年生の時である。この話が掲載されている道徳の教科書（副読本）を持ってきた。その最後のページには四角い枠が描かれ、その中に長女が書いたセリフがあった。

ああ、ぼくはもうたべられてしまう。うそなんかつかなければよかったー

そこには担任の先生による大きな花丸と「大変よく出来ました」のハンコがあった。夕食のテーブルで、自慢げにそれを差し出す娘を前に私は少し考え、「よく書けたね、良かったね」と誉めたあとにこう言った。

「ねえ、この子はさ、でもなんでウソをついたのかなあ？」

十九

コノコハ タビタビ「オホカミ ガ キタ。」ト イツテ、人ヲ ダマシマシタ。ソレデ ホンタウニ オホカミ ガ デテキタトキ、ダレ モ タスケテ クレマセン デシタ。

- 36 -

図 18「修身」尋常小学校　教科書より

娘は目をくりくりさせ、少し考えた末にこう答えた。

「あ！　友だちがいなくてさみしかったのかも」

私「どうしてそう思ったの？」

娘「うーんとうんと。あ！　わかった。子どもはさ、そういうものじゃない。あそぶひとがいないとさみしいよ」

私「そうかあ、人はさみしい時にウソついたりすることってあるのかな」

娘「うん。そうだ。そうだと思うよ」

娘の顔がぱっと明るく輝いたあの瞬間をはっきりと覚えている。その笑顔は、今にして思えば、小学二年生なりに新しい物語を発見した喜びによるものだったのではないだろうか。

つまりこの話は、「ひとりぼっちで村のはずれに住む少年を放置し、その寂しさを理解しようともせず、食われてしまった少年を自業自得だ、ざまあみろとあざ笑う冷たい大人社会」の物語である。イソップがそれを意図していたかどうかは別にして、こう読むことは間違っているだろうか。

問われるべきは、ウソをついた子どもではなく、その心をケアすることが出来なかった大人ではないのか。その大人を「正義」とする社会がそもそもおかしいのではないか。しかし、この授業の徳目（主題となるねらい）は「ウソをついてはいけません」である。「悪いことをしたら食われて当たり前」という自己責任論を基調とする新自由主義的生き方が正義であるという意識を子どもたちに植え付ける「教育」である。

これではいじめられている子に寄り添う気持ちや、いじめをヤメろという言動〝道徳心〟は育ちようがない。それどころか、自業自得論という深い穴に子どもを突き落とす。

物語は多様な角度から読むことが出来るし、そうすべきである。それぞれの読み方の中に真に考えるべき「道徳」的なテーマがあり、それを共同で追求することが「学び」である。「学び」というのは新しい世界と新しい自分を発見し、もうひとつの物語を作り出していく営みなのだ。そうした「学び」を通して、徳目注入ではない「市民的道徳」が子どもの中に実を結んでいくのである。

（渡辺雅之〈二〇一四〉『いじめ・レイシズムを乗り越える「道徳」教育』高文研、p.82-85）

図19　村は今日　お祭りかぁ…
みんな楽しそうだなぁ
でもぼくは一人ぼっちでここで羊の番…

実践的に大切なのは、ここにあるように「なぜ、子どもはウソをついたのか（つかざるを得なかったのか）」を問うことであり、「ウソは本当にいけないのか」「ついていいウソ、ついていけないウソはあるのか」を子どもたちと考え合うことではないだろうか。勿論、これらは答えが一つではなく、生活していく中で教師も含めて、子どもと共に常に問い合うものであることは言うまでもない。埼生研大会二〇一七において、中学校の実践家・猪俣修は図19のようなイラストを描いた。[*9]こうしたイラストを提示してひつじかいの子どものセリフを想像させるなども、有効であろう。大切なのは、描かれたストーリーにとらわれず、そこから新たな物語を見つけ出していく感性と知性である。

(5) 掲載教材の活用

道徳教科書の中にも積極的に活用すべき教材はある。例えば「だれもが幸せになれる社会を」「同じでちがう」「コラム　共に生きる　子どもの権利条約」「世界人権宣言から学ぼう」（『きみが　いちばん　ひかるとき』光村図書)、などは、ハンセン病による差別問題や子どもの権利条約についての記載がある。「マララ・ユサフザイ―一人の少女が世界を変える」(『小学道徳　ゆたかな心』光文書院)、「モントゴメリーのバス―キング牧師とバスボイコット運動―」(『小学道徳6　はばたこう明日へ』教育出版)、も発展学習の契機としては活用出来る。[*10]

記載内容は検定通過を意識し、抑制された記述になっている傾向はぬぐえないが、これらの教材を起点にして、深めていくことは十分可能だ(注意したいのは、教科書採択の視点である。個々の教材の可否について判断するのではなく、その教科書が全体としてどのような傾向が強いかを総合的に検討する必要がある)。さて、年間計画を弾力的に運用する一定の自由は、文科省も否定できない(以下、傍線筆者)。

(6) 計画の弾力的な取扱いについて配慮する。

年間指導計画は、学校の教育計画として意図的、計画的に作成されたものであり、指導者の恣意による不用意な変更や修正が行われるべきではない。変更や修正を行う場合は、生徒の道徳性を養うという観点から考えて、より大きな効果を期待できるという判断を前提として、学年などによる検討を経て校長の了解を得ることが必要である。そして、変更した理由を備考欄などに記入し、今後の検討課題にすることが大切である。

(四章一節3『中学校学習指導要領解説』)

この記述は、恫喝的なニュアンスも含まれているが学校(とりわけ当該学年)において共通理解が得られれば、弾力的運用が可能であることを示唆するものであるとも言える。以下も同様。

「ウ、教材の変更　主題ごとに主に用いる教材は、ねらいを達成するために中心的な役割を担うものであり、安易に変更することは避けなければならない。変更する場合は、そのことによって一層効果が期待できるという判断を前提とし、少なくとも同一学年の他の教師や道徳教育推進教師と話し合った上で、校長の了解を得て変更することが望ましい」（同）。

(5)　複数時間の関連を図った指導を取り入れる

道徳科においては、一つの主題を1単位時間で取り扱うことが一般的であるが、内容によっては複数の時間の関連を図った指導の工夫などを計画的に位置付けて行うことも考えられる。例えば、一つの主題を2単位時間にわたって指導し、道徳的価値の理解に基づいて人間としての生き方についての学習を充実させる方法、重点的な指導を行う内容を複数の教材による指導と関連させて進める方法など、様々な方法が考えられる。

（四章一節3『小学校学習指導要領解説』）

○学校における道徳教育は、道徳科を要として学校の教育活動全体を通じて行うこととなっており、道徳科は、①道徳教育としては取り扱う機会が十分でない内容項目について関する指導を補うこと、②児童生徒や学校の実態等を踏まえて指導をより一掃深めること、③内容項目の相互の関係を捉え直したり発展させることに留意して指導する必要がある。

（「現行学習指導要領の成果と課題を踏まえた道徳教育の在り方」文科省）

このような年間指導計画は、特に次の諸点において重要な意義をもっている。

ア　3年間を見通した計画的、発展的な指導を可能にする
生徒、学校及び地域の実態に応じて、年間にわたり、また3年間を見通した重点的な指導や内容項目間の関連を図った指導を可能にする。

イ　個々の学級において、道徳科の学習指導案を立案するよりどころとなる
道徳科の授業は年間指導計画に基づいて実施することが基本であり、個々の学級の生徒の実態に合わせて、年間指導計画における主題の構想を具体化し、学習指導案を具体的に考える際のよりどころとなる。

ウ　学級相互、学年相互の教師間の研修などの手掛かりとなる
年間指導計画を踏まえて授業前に指導方法を検討したり、情報を交換したり、授業を実際に参観し合ったりするときの基本的な情報として生かすことができる。

（四章一節2『中学校学習指導要領解説』）

既存教材を使用する場合は、これらの記述を手がかりにして、「重点的な指導や内容項目間の関連を図った指導」にチャレンジしたい。例えば「コラム　共に生きる　子どもの権利条約」（光村書店）から、子どもの権利条約の内容を学び、自分たちの生活と関連させる調べ学習を総合的な学習や社会科の中で深めることも出来る。また、特別活動とリンクさせて文化祭で発表するなども可能だ。文科省が道徳科を「要」にするというならば、そうした実践を構想したいものである。

2．自主教材をどう編成するか

戦後民主教育は「教科書を教える」ことから「教科書で教える」ことを前提にしてきた。そうした意味で、教科書に関連させた自主教材は必須のものである。そもそも現場や子どもたちの実態に合わせた教育課程を自主編成することは教育実践の命である。道徳科においてそうした教材を選ぶ視点は次のように整理できる。

> ①生活現実に即したリアルなものであること（無理な設定や非科学的な内容でないこと）
> ②討論に値する素材であること（最初から結論が見え、話し合いにレールがあるものを避ける）
> ③現代的な課題で、社会への扉が開かれていること（レイシズム、ＬＧＢＴｓ、貧困、戦争など）
> ※分かりやすく魅力ある動画やコンテンツを積極的に利用する
> ④内容項目を掲げられた徳目とすりあわせる
> ⑤教科書教材を起点にして発展させる

授業編成のためには、学習指導要領の以下の記述が手かがりになる（以下、傍線筆者）。

道徳科の内容で扱う道徳的諸価値は、現代社会の様々な課題に直接関わっている。中学生には、こうした解決の難しい、答えの定まっていない問題や葛藤について理解を深め、多面的・多角的に考えることができる思考力が育ってきている。現代社会を生きる上での課題を扱う場合には、問題解決的な学習を行ったり討論を深めたりするなどの指導方法を工夫し、課題を自分との関係で捉え、その解決に向けて考え続けようとする意欲や態度を育てることが大切である。（略）

例えば、科学技術の発展に伴う生命倫理の問題や社会の持続可能な発展を巡っては、生命や人権、自己決定、自然環境保全、公正・公平、社会正義など様々な道徳的価値に関わる葛藤がある。このように現代的な課題には、葛藤や対立のある事象も多く、特に「遵法精神、公徳心」、「公正、公平、社会正義」、「国際理解、国際貢献」、「生命の尊さ」、「自然愛護」などについては、現代的な課題と関連の深い内容であると考えられ、発達の段階に応じて、これらの課題を積極的に取り上げることが求められる。その際、これらの諸課題には多様な見方や考え方があり、一面的な理解では解決できないことに気付かせ、多様な価値観の人々と協働して問題を解決していこうとする意欲を育むよう留意することが求められる。

（四章三節６　⑵現代的な課題の扱い『中校学習指導要領解説編』）

また文科省は「教科書は主たる教材」と位置づけている。[*11] そして、「現行学習指導要領の成果と課題を踏まえた道徳教育の在り方」（二〇一六）の中で次のように記している。徳目主義、心理主義ではない道徳実践の対抗軸を設計するための資料として掲載する。これらの提言については、全体の文脈の中で読み取ることが必要である。個々に批判すべき点があるのは当然であるとしても、現場の実践家としては、部分的にでも活用していくべきであろう（以下、傍線筆者）。

○これからの時代を生きる子供たちには、社会を構成する主体である一人一人が、高い倫理観をもち、人間としての生き方や社会の在り方について、多様な価値観の存在を認識しつつ、自ら考え、他者と対話し協同しながら、よりよい方向を模索し続けるために必要な資質・能力を備えることが求められており、道徳教育はますます重要になっていると考えられる。

○各教科の特質に応じた「見方・考え方」は、それぞれの教科等の学びの「深まり」の鍵となるものである。生きて働く知識・技能を習得したり、思考力・判断力・表現力を豊かなものとしたり、社会や世界にどのように関わるかの視座を形成したりするために重要なものである。すなわち、資質・能力の三つの柱全てに深く関わる、各教科等を学ぶ本質的な意義の中核をなすものであり、教科等の教育と社会をつなぐものである。ⅲ）道徳科における「見方・考え方」

○教材については、小・中学校学習指導要領において「特に、生命の尊厳、自然、伝統と文化、先人の伝記、スポーツ、情報化への対応等の現代的課題など」を題材とすることが示されている（イ　教材や教育環境の充実）。

さらに「教科書のみを使用するのではなく、各地域に根ざした郷土資料など、多様な教材を併せて活用することが重要と考えられる」（中教審答申）、「道徳教育の特性に鑑みれば、各地域に根ざした郷土資料など、多様な教材を併せて活用することが重要である。」（多様な教材を開発した創意工夫ある指導『中学校学習指導要領解説』p.103）と書かれている。「など」に着目し、現場では、これらの文言を積極的に活かしていきたい。また道徳の項目として示されている19―22項目と連動させる必要もあるだろう（図20）。そうした文脈の中で子どもたちの生活実態に即したリアルな社会的トピックを自主教材として、編成していく。その際、以下の記述が根拠となるうるだろう。

○道徳的諸価値の理解を図るには、児童生徒一人一人が道徳的価値の理解を自分との関わりで捉えることが重要である。「道徳的価値の理解を基に」とは、道徳的諸価値の理解を深めることが自分自身の生き方について考えたり、体験的な学習を通して実感を持って理解したり、道徳的問題について多面的・多角的に捉えその解決に向けて自分で考えたり他者と話し合ったりすることを通じて道徳的諸価値の理解が深まっていくことも含まれている（同、論点整理）。

様々な題材について郷土の特色が生かせる教材は、児童にとって特に身近なものに感じられ、教材に親しみながら、ねらいとする道徳的価値について考えを深めることができるので、地域教材の開発や活用にも努めることが望ましい。これらのほかにも、例えば、古典，随想、民話、詩歌などの読み物、映像ソフト、映像メディアなどの情報通信ネットワークを利用した教材、実話、写真、劇、漫画、紙芝居などの多彩な形式の教材など、多様なものが考えられる。

（四章四節１　⑵多様な教材を活用した創意工夫ある指導『小学校学習指導要領解説』）※傍線筆者

	小学校第１学年及び第２学年（19）	小学校第３学年及び第４学年（20）
A　主として自分自身に関すること		
善悪の判断、自律、自由と責任	(1) よいことと悪いことの区別をし、よいと思うことを進んで行うこと。	(1) 正しいと判断したことは、自信をもって行うこと。
正直、誠実	(2) うそをついたりごまかしたりしないで、素直に伸び伸びと生活すること。	(2) 過ちは素直に改め、正直に明るい心で生活すること。
節度、節制	(3) 健康や安全に気を付け、物や金銭を大切にし、身の回りを整え、わがままをしないで、規則正しい生活をすること。	(3) 自分でできることは自分でやり、安全に気を付け、よく考えて行動し、節度ある生活をすること。
個性の伸長	(4) 自分の特徴に気付くこと。	(4) 自分の特徴に気付き、長所を伸ばすこと。
希望と勇気、努力と強い意志	(5) 自分のやるべき勉強や仕事をしっかり行うこと。	(5) 自分でやろうと決めた目標に向かって、強い意志をもち、粘り強くやり抜くこと。
真理の探求		
B　主として人との関わりに関すること		
親切、思いやり	(6) 身近にいる人に温かい心で接し、親切にすること。	(6) 相手のことを思いやり、進んで親切にすること。
感謝	(7) 家族など日頃世話になっている人々に感謝すること。	(7) 家族など生活を支えてくれている人々や現在の生活を築いてくれた高齢者に、尊敬と感謝の気持ちをもって接すること。
礼儀	(8) 気持ちのよい挨拶、言葉遣い、動作などに心掛けて、明るく接すること。	(8) 礼儀の大切さを知り、誰に対しても真心をもって接すること。
友情、信頼	(9) 友達と仲よくし、助け合うこと。	(9) 友達と互いに理解し、信頼し、助け合うこと。
相互理解、寛容		(10) 自分の考えや意見を相手に伝えるとともに、相手のことを理解し、自分と異なる意見も大切にすること。
C　主として集団や社会との関わりに関すること		
規則の尊重	(10) 約束やきまりを守り、みんなが使う物を大切にすること。	(11) 約束や社会のきまりの意義を理解し、それらを守ること。
公正、公平、社会正義	(11) 自分の好き嫌いにとらわれないで接すること。	(12) 誰に対しても分け隔てをせず、公正、公平な態度で接すること。
勤労、公共の精神	(12) 働くことのよさを知り、みんなのために働くこと。	(13) 働くことの大切さを知り、進んでみんなのために働くこと。
家族愛、家庭生活の充実	(13) 父母、祖父母を敬愛し、進んで家の手伝いなどをして、家族の役に立つこと。	(14) 父母、祖父母を敬愛し、家族みんなで協力し合って楽しい家庭をつくること。
よりよい学校生活、集団生活の充実	(14) 先生を敬愛し、学校の人々に親しんで、学級や学校の生活を楽しくすること。	(15) 先生や学校の人々を敬愛し、みんなで協力し合って楽しい学級や学校をつくること。
伝統と文化の尊重、国や郷土を愛する態度	(15) 我が国や郷土の文化と生活に親しみ、愛着をもつこと。	(16) 我が国や郷土の伝統と文化を大切にし、国や郷土を愛する心をもつこと。
国際理解、国際親善	(16) 他国の人々や文化に親しむこと。	(17) 他国の人々や文化に親しみ、関心をもつこと。
D　主として生命や自然、崇高なものとの関わりに関すること		
命の尊さ	(17) 生きることのすばらしさを知り、生命を大切にすること。	(18) 生命の尊さを知り、生命あるものを大切にすること。
自然愛護	(18) 身近な自然に親しみ、動植物に優しい心で接すること。	(19) 自然のすばらしさや不思議さを感じ取り、自然や動植物を大切にすること。
感動、畏敬の念	(19) 美しいものに触れ、すがすがしい心をもつこと。	(20) 美しいものや気高いものに感動する心をもつこと。
よりよく生きる喜び		

図20　第3章特別の教科道徳の第2に示す内容の学年段階・学校段階の一覧
『小学校学習指導要領解説』

小学校第５学年及び第６学年（22）	中学校（22）	
A　主として自分自身に関すること		
(1) 自由を大切にし、自律的に判断し、責任のある行動をすること。 (2) 誠実に、明るい心で生活すること。	(1) 自律の精神を重んじ、自主的に考え、判断し、誠実に実行してその結果に責任をもつこと。	**自主、自立、自由と責任**
(3) 安全に気を付けることや、生活習慣の大切さについて理解し、自分の生活を見直し、節度を守り節制に心掛けること。	(2) 望ましい生活習慣を身に付け、心身の健康の増進を図り、節度を守り節制に心掛け、安全で調和のある生活をすること。	**節度、節制**
(4) 自分の特徴を知って、短所を改め長所を伸ばすこと。	(3) 自己を見つめ、自己の向上を図るとともに、個性を伸ばして充実した生き方を追求すること。	**向上心、個性の伸長**
(5) より高い目標を立て、希望と勇気をもち、困難があってもくじけずに努力して物事をやり抜くこと。	(4) より高い目標を設定し、その達成を目指し、希望と勇気をもち、困難や失敗を乗り越えて着実にやり遂げること。	**希望と勇気、克己と強い意志**
(6) 真理を大切にし、物事を探究しようとする心をもつこと。	(5) 真実を大切にし、真理を探究して新しいものを生み出そうと努めること。	**真理の探求、創造**
B　主として人との関わりに関すること		
(7) 誰に対しても思いやりの心をもち、相手の立場に立って親切にすること。 (8) 日々の生活が家族や過去からの多くの人々の支え合いや助け合いで成り立っていることに感謝し、それに応えること。	(6) 思いやりの心をもって人と接するとともに、家族などの支えや多くの人々の善意により日々の生活や現在の自分があることに感謝し、進んでそれに応え、人間愛の精神を深めること。	**思いやり、感謝**
(9) 時と場をわきまえて、礼儀正しく真心をもって接すること。	(7) 礼儀の意義を理解し、時と場に応じた適切な言動をとること。	**礼儀**
(10) 友達と互いに信頼し、学び合って友情を深め、異性についても理解しながら、人間関係を築いていくこと。	(8) 友情の尊さを理解して心から信頼できる友達をもち、互いに励まし合い、高め合うとともに，異性についての理解を深め、悩みや葛藤も経験しながら人間関係を深めていくこと。	**友情、信頼**
(11) 自分の考えや意見を相手に伝えるとともに、謙虚な心をもち、広い心で自分と異なる意見や立場を尊重すること。	(9) 自分の考えや意見を相手に伝えるとともに、それぞれの個性や立場を尊重し、いろいろなものの見方や考え方があることを理解し、寛容の心をもって謙虚に他に学び、自らを高めていくこと。	**相互理解、寛容**
C　主として集団や社会との関わりに関すること		
(12) 法やきまりの意義を理解した上で進んでそれらを守り、自他の権利を大切にし、義務を果たすこと。	(10) 法やきまりの意義を理解し、それらを進んで守るとともに、そのよりよい在り方について考え、自他の権利を大切にし、義務を果たして、規律ある安定した社会の実現に努めること。	**遵法精神、公徳心**
(13) 誰に対しても差別をすることや偏見をもつことなく、公正、公平な態度で接し、正義の実現に努めること。	(11) 正義と公正さを重んじ、誰に対しても公平に接し、差別や偏見のない社会の実現に努めること。	**公正、公平、社会正義**
(14) 働くことや社会に奉仕することの充実感を味わうとともに、その意義を理解し、公共のために役に立つことをすること。	(12) 社会参画の意識と社会連帯の自覚を高め、公共の精神をもってよりよい社会の実現に努めること。	**社会参画、公共の精神**
	(13) 勤労の尊さや意義を理解し、将来の生き方について考えを深め、勤労を通じて社会に貢献すること。	**勤労**
(15) 父母、祖父母を敬愛し、家族の幸せを求めて、進んで役に立つことをすること。	(14) 父母、祖父母を敬愛し、家族の一員としての自覚をもって充実した家庭生活を築くこと。	**家族愛、家庭生活の充実**
(16) 先生や学校の人々を敬愛し、みんなで協力し合ってよりよい学級や学校をつくるとともに、様々な集団の中での自分の役割を自覚して集団生活の充実に努めること。	(15) 教師や学校の人々を敬愛し、学級や学校の一員としての自覚をもち、協力し合ってよりよい校風をつくるとともに、様々な集団の意義や集団の中での自分の役割と責任を自覚して集団生活の充実に努めること。	**よりよい学校生活、集団生活の充実**
(17) 我が国や郷土の伝統と文化を大切にし、先人の努力を知り、国や郷土を愛する心をもつこと。	(16) 郷土の伝統と文化を大切にし、社会に尽くした先人や高齢者に尊敬の念を深め、地域社会の一員としての自覚をもって郷土を愛し、進んで郷土の発展に努めること。	**郷土の伝統と文化の尊重、郷土を愛する態度**
	(17) 優れた伝統の継承と新しい文化の創造に貢献するとともに、日本人としての自覚をもって国を愛し、国家及び社会の形成者として、その発展に努めること。	**我が国の伝統と文化の尊重、国を愛する態度**
(18) 他国の人々や文化について理解し、日本人としての自覚をもって国際親善に努めること。	(18) 世界の中の日本人としての自覚をもち、他国を尊重し、国際的視野に立って、世界の平和と人類の発展に寄与すること。	**国際理解、国際親善**
D　主として生命や自然、崇高なものとの関わりに関すること		
(19) 生命が多くの生命のつながりの中にあるかけがえのないものであることを理解し、生命を尊重すること。	(19) 生命の尊さについて、その連続性や有限性なども含めて理解し、かけがえのない生命を尊重すること。	**命の尊さ**
(20) 自然の偉大さを知り、自然環境を大切にすること。	(20) 自然の崇高さを知り、自然環境を大切にすることの意義を理解し、進んで自然の愛護に努めること。	**自然愛護**
(21) 美しいものや気高いものに感動する心や人間の力を超えたものに対する畏敬の念をもつこと。	(21) 美しいものや気高いものに感動する心をもち、人間の力を超えたものに対する畏敬の念を深めること。	**感動、畏敬の念**
(22) よりよく生きようとする人間の強さや気高さを理解し、人間として生きる喜びを感じること。	(22) 人間には自らの弱さや醜さを克服する強さや気高く生きようとする心があることを理解し、人間として生きることに喜びを見いだすこと。	**よりよく生きる喜び**

図 20　第3章特別の教科道徳の第2に示す内容の学年段階・学校段階の一覧
『小学校学習指導要領解説』

ここに掲げられている徳目は次のような価値項目に置き換えることも可能であり、そのほうが子どもの生活実態とリアルにかみ合い、道徳性の発達に資することができるだろう。

		価値	トピック
A　主として自分自身に関すること			
善悪の判断、 自律、自由と責任	自主、自律、自由と責任	正義	良いこと・ 正しいこととは何か
正直、誠実		誠実	誠実とは何か
節度、節制	節度、節制	自立と自律	心身のコントロール
個性の伸長	向上心、個性の伸長	多様性・ セクシュアリティ	異なる他者 身体と性
希望と勇気、努力と強い意志	希望と勇気、努力と強い意志	勇気 -Empowerment	相互的な関係性
真理の研究	真理の研究、創造	真理真実 -騙されない知性	リテラシー ものの見方・考え方
B　主として関わりに関すること			
親切、思いやり	思いやり、感謝	思いやり - 脆弱性	個人と社会
感謝		感謝	相互関係 - 社会福祉
礼儀	礼儀	マナー	TPO ／権威主義
友情、信頼	友情、信頼	対話と共生	対立から平和へ
相互理解・寛容	相互理解・寛容	相互理解・寛容 多面的な見方・学び	相対主義 学級づくり
C　主として集団や社会との関わりに関すること			
規則の尊重	遵法精神、公徳心	主権者としての生き方	妥当性を問う 組み替える - 立憲主義
公正、公平、社会正義	公正、公平、社会正義	公正公平 - 社会正義	現実社会 - それを阻むもの
勤労、公共の精神	社会参画、公共の精神	労働の意味	格差社会 - ブラック労働 - 貧困
	勤労	進路 - 貢献感	社会的意味 - 成果主義
家族愛、家庭生活の充実	家族愛、家庭生活の充実	多様性と家族	家族問題
よりよい学校生活、 集団生活の充実	よりよい学校生活、 集団生活の充実	集団と自治	学校生活、 行事・いじめ問題
伝統と文化の尊重、 国や郷土を愛する態度	伝統と文化の尊重、 国や郷土を愛する態度	多文化共生	伝統と文化 愛国ポルノ
	我が国の伝統と文化の尊重、 国を愛する態度	対立から平和への 国際貢献	積極的平和主義
国際理解、国際親善	国際理解、国際親善	エスノセントリズム※の 克服	ヘイトスピーチ・ 同化主義、難民
D　主として生命や自然、崇高なものとの関わりに関すること			
生命の尊さ	生命の尊さ	基本的人権の尊重	基本的人権の尊重
自然愛護	自然愛護	人間と環境	自然破壊 企業活動
感動、畏敬の念	感動、畏敬の念	感動	多様な生き方
よりよく生きる喜び	よりよく生きる喜び	哲学的対話	自己責任論

※自民族中心主義

図 21

⑴ **動画の活用**

現在はSNSをはじめとして、様々な動画コンテンツが利用できる時代である。

例えば、劇のように提示したり、音声や音楽の効果を生かしたりする工夫などが考えられる。
また、ビデオなどの映像も、提示する内容を事前に吟味した上で生かすことによって効果が高められる。

（四章二節3　⑷道徳科に生かす指導方法の工夫『中学校学習指導要領解説』）

例えば、二〇一五年にアメリカ西海岸で実施されたイベント、愛をテーマにしたプロジェクト『Love Has No Labels（愛に区別は無い）』は、全世界で大きな反響を呼んだ。この愛をテーマにした感動のプロジェクト動画「SAME LOVE—X線越しに抱き合う骸骨たち」[*12]は多くの示唆に富む。

バレンタインデーに実施されたこのイベントは、会場には巨大スクリーンが設置され、そこにはX線越しに映し出された骸骨たちが登場し、抱き合い、キスをする。当然ながら性別も国籍も年齢すら見ている観衆には分からない。しかし、表に登場する度に驚きの声が上がるのである。「多民族・多国籍・ゲイ・レズビアン・ダウン症・異なる宗教者」などが次々に現れる。X線で見る人間たちは単なる骨と皮。そこには、いかなるフィルターをも取り除いた純粋な愛のカタチが顔を見せる。（LGBTメディア GENXY, 2015）[*13]図22

多くの説明は不要だろう。この動画を起点にしてLGBTsや障害の問題について、子どもたちによる調べ学習や討論などが期待できる。英語学習にも関連させることも可能だ。またバレンタインデーの由来を子どもたちと調べてみる発展学習も有効である。[*14]以下の表記は動画の中に示されているメッセージを抜粋した

love
has
no
religion
love
has
no
labels

図22

もので極めて現代的な多文化共生のためのテーマとなっている。（図23）

桑原功一による「フリーハグ」の動画も共生社会を考える上で非常によい。[*15] とくに二〇一一年、領土問題がクローズアップされ日韓の関係性が悪くなった（と伝えられていた）時のフリーハグ『日本人が韓国でフリーハグをしてみた』（Free Hugs for Korea – Japan Peace, 2011）[*16] は、考えるべき多くの視点が含まれている。ＢＧＭとして使われているのは、Michael Jackson の「MAN IN THE MIRROR」である。これを和訳したり、音楽の授業と連携して使用するなどの広がりも期待できる（図24－25）。

桑原は以降、アジアを中心に同様のアクションを行う映像作家として活躍している。彼がアップした動画はユーチューブなどに多数あるので是非、見ていただきたい。

図23　動画より筆者作成
愛は「（社会的）性、人種、
障害、年齢、宗教、地位」
とは無関係である。

SAME LOVE
Love has no gender
Love has no race
Love has no disability
Love has no age
Love has no religion
Love has no labels

図24-25
桑原功一
『日本人が韓国でフリーハグをしてみた』
（Free Hugs for
Korea-Japan Peace,2011）

FREE HUGS
KOREA & JAPAN
FOR PEACE

図24

YOUNG

図25

レディ・ガガは、「反差別」や「平和」など社会的なメッセージを発することが多い世界的アーティストである。彼女の代表曲「BORN THIS WAY」[*17]は、思春期の子どもたちやＬＧＢＴｓなどセクシャルマイノリティにとってはとりわけ心に響くものとなりうるだろう。

"Born This Way"　こう生まれついた　（訳詞：靜哲人）

愛の対象が彼でも神でも関係ないわ
とにかく両手を高くあげなさい
だってこう生まれついたのだから、ベイビー
小さい時、ママが言った
みんな生まれつきスーパースターなのよって
髪をカールしてくれて口紅を塗ってくれたの
ベッドルームの鏡を使って
「あるがままの自分を好きになっていいのよ」
「だって神様はあなたを完璧に造ってくださったのよ」
「だから視線を高く保って人生を切り拓きなさい」「これから言うことをよく聴いて」
私は私なりに美しい

神の創造にはミスはないから
私はこの生き方が正しいの、ベイビー
私はこう生まれついたの
後悔の念の陰に隠れず
自分を愛するの、そうすれば大丈夫
この生き方に間違いはないの、ベイビー
私はこう生まれついたの

他の生き方なんてない
私はこう生まれついたのよ
こう生まれついたのだから

別の道なんてないよ
私はこう生まれついたのよ
こう生まれついたのだから
別の道なんてないよ
私はこう生まれついたの
私はこの生き方が正しいの

こう生まれついたの

うつむかずに輝いて
下を向かずに上向いて
後ろ向かずに前向いて
うつむくな
思慮を持って
仲間を愛しなさい
地下鉄に乗っている自分の真実を歓びなさい
自信がない人間がすがる宗教では
私は私らしく、自分の若さを大切にしよう
変わった恋人がいたって罪じゃない
神の言うことを信じなさい
人生が大好き、このレコードが大好き
愛は信念が必要
うつむかずに輝いて
落ちぶれてても調子が良くても
肌の色が黒でも白でもベージュでも褐色でも

レバノン系でも東洋系でも
障がいのせいで
仲間はずれにされたり、虐められたり、からかわれたりしても　歓んで、今日の自分を愛しなさい
だってベイビー、そう生まれついたのよ
同性愛者でも異性愛者でも両性愛者でも
レズビアンでもトランスジェンダーでも
私はこの生き方でいいの
生き抜くために私は生まれたの
肌の色が黒でも白でもベージュでも
褐色でも東洋系でも
私はこの生き方でいいの
勇敢に生きるために生まれたの

私はこう生まれついたのよ
私はこう生まれついたのよ
私はこのままでいいの、ベイビー
私はこう生まれついたのよ
私はこう生まれついたのよ

私はこう生まれついたのよ
私はこの生き方でいいの、ベイビー
私はこう生まれついたのよ

音楽を愛好する心情や音楽に対する感性は、美しいものや崇高なものを尊重する心につながる。また、音楽による豊かな情操は、道徳性の基盤を養うものである。なお、音楽の共通教材は、我が国の伝統や文化、自然や四季の美しさや、夢や希望をもって生きることの大切さなどを含んでおり、道徳的な心情の育成に資するものである。

（二章一節　道徳教育と道徳科『小学校学習指導要領解説』）

海外のものではなく、日本にも教材として有効な動画などのコンテンツはたくさんある。著作権に注意しながら、これらのコンテンツを積極的に活用したい。高学年か中学生ならば、以下のテレビ番組などのアーカイブも大いに活用できる。

○ＮＨＫスペシャル命と向きあう教室～被災地の一五歳・一年の記録～（二〇一五年三月二九日放送、ＮＨＫ総合）
○シリーズ戦後七〇年　障害者と戦争　ナチスから迫害された障害者たち(1)　二〇万人の大虐殺はなぜ起きたのか（二〇一五年八月二五日放映）

また映画やドキュメントそのものを活かすことも考えられる。ケニア、アルゼンチン、モロッコ、インドに暮らす子どもたちの学校生活（通学路）を描いたドキュメンタリー映画「世界の果ての通学路 ON THE WAY TO SCHOOL」（二〇一二、仏、七七分）は、教材として非常に優れている。ディズニー映画「美女と野獣―実写版」（二〇一七、米）などは思わぬ発見がある。[*18] 著作権と時間配分に注意しながら、活かしたいメディア教材は豊富である。ただし、中には「感動ポルノ」と批判される作りのものも含まれる。[*19] 情報ソースを確認しつつ、動画自体に問題がないかどうかを考察することが必須となる。どちらにしても、ただ流すだけではなく批判的視点を常に持つ重要性を指摘しておきたい。

(2) 写真やイラストの活用

動画の準備が大変でも、一枚の写真やイラストも有効である。例えば、ファーガソン事件（二〇一七年八月九日、丸腰の黒人少年マイケル・ブラウン一八歳が警察官に射殺された）の抗議デモで、黒人少年と白人警察官がハグしている写真がＳＮＳで広く拡散された[*20]（図26）。こうした教材は社会科の授業との連動も可能だ。

地域社会の生活及びその発展に尽くした先人の働きなどについての理解を図り、地域社会に対する誇りと愛情を育てることや、我が国の国土と歴史に対する理解と愛情を育てることは、伝統と文化を尊重し、それらを育んできた我が国と郷土を愛することなどにつながる。また、国際社会に生きる平和で民主的な国家・社会の形成者としての自覚をもち、自他の人格を尊重し、社会的義務や責任を重んじ、公

図26

正に判断しようとする態度や能力などの公民的資質の基礎を養うことは、主として集団や社会との関わりに関する内容などにつながるものである。

（二章一節　道徳教育と道徳科『小学校学習指導要領解説』）

「この写真は何だろう」という問いから始めるなどの展開が考えられる。ただし、前述したとおりこの警官の言動も「素晴らしい、愛がある」などの心情的感想にとどまることなく、批判的視点で見ていくことも必要である。

街の中にもこうした素材を見つけることは可能だ。たとえば市販Tシャツの中に人体のレントゲン写真が七体並んでいるものがあった。レントゲン写真の下には、黒人　白人　ゲイ（同性愛者）　異性愛者　宗教家　無神論者　あなた（自分）というキャプションが掲載されている。

We Are All The Same Black White Gay Straight Religious Atheist Skeletons Fun Graphic Tee Shirt Your Next TShirt より[*21]

図27　No One Is Born Racist!!

身近にあるこうしたコンテンツも子どもたちの日常にマッチし非常に有効であろう。要は私たちのアンテナ次第で、道徳科の中で活用できるコンテンツを発見することが出来るのである。

動画「SAME LOVE」と同様なコンテンツだが、図27のイラストと同様に英語学習との連動も効果的だろう。

図28は「新聞広告クリエーティブコンテスト」（主催日本新聞協会広告委員会）二〇一三年度最優秀作品である。

重要なのは、物語を桃太郎の側から読むのか、鬼の側から読むのかである。視点を変えれば「平和に暮らす鬼たちの島にやってきて暴虐の限りを尽くした侵略者」が桃太郎ではないのか。この作品は「もうひとつの物語」を読むことの大事さを私たちに教えてくれている。

〈渡辺雅之〈二〇一四〉『いじめ・レイシズムを乗り越える「道徳」教育』高文研、p.85-87〉

図28　「新聞広告クリエーティブコンテスト」2013年度最優秀作品

これらは「道徳的諸価値についての理解を基に、自己を見つめ、物事を（広い視野から）多面的・多角的に考え、自己の（人間としての）生き方についての考えを深める学習」「社会や世界にどのように関わるかの視座を形成したりするために」（学習指導要領・再掲）に合致するだろう。元々こうした授業手法は戦後社会科学習の中などで追求されてきたものである。戦後民主教育の財産を改めて掘り起こし、そこから学ぶ視点が求められているとも言えよう。そして（戦略的に）大切なことは先に述べたように、学習指導要領にある道徳のねらいや項目をよく読んで、それに適合するように授業構想を立てることである。例えば「正義を重んじ、だれに対しても公正、公平にし、差別や偏見のない社会の実現に努める」（道徳の内容項目の学年段階・学校段階の一覧表『学習指導要領より』）との整合で「いじめや差別」をテーマに図27を使い、関連する動画資料などを組み合わせたら、どんな授業が可能になるだろうか。それらを構想することは、教師にとっても〝やらされる道徳〟から〝子どもと共に学ぶ道徳―やってみたい道徳〟に転換する可能性を持つのではないだろうか。

(3) 様々な資料やコンテンツから学ぶ

新聞記事やSNSには道徳の授業として取り扱うに適切な素材が豊富にある。例えば、千葉の小学校教師塩崎義明は、「リオ五輪陸上男子五〇キロ競歩」を題材にした授業を展開している。塩崎は、「陸上男子五〇キロ競歩」において荒井広宙選手がカナダのエバン・ダンフィー選手との壮絶な三位争いとなった競技の様子を取り上げた。両選手が競技上のトラブルを乗り越えて和解に至るプロセスの記事を取り上げ、スポーツの意味、本質に迫る学びを展開している。

この授業は「国別メダル世界ランキング表を作成してはならない」「開閉会式の入場行進で使われる旗、表彰（メダル授与）で使われる旗、演奏される音楽も、規定上は国旗、国歌ではなく『各NOC（国内オリンピック委員会）の旗／歌』となっています」というオリンピック憲章を紹介しながら、スポーツの在り方を子どもたちと考え合うものである（全国生活指導研究協議会二〇一七全国大会　テーマ別分科会2　「特別の教科道徳」を考える報告より、二〇一七年八月六日）。

オリンピックは国対抗ではない

「オリンピック競技大会は、個人種目もしくは団体種目での選手間の競争であり、国家間の競争ではない」オリンピック憲章の第9条には、こう明記されています。

オリンピック中は毎日、国別メダル獲得表が新聞に載りますが、これは読者の関心を高める一助として、メディアが勝手にやっていることで、これについても憲章は「IOCはいかなるものであっても、国別の世界ランキング表を作成してはならない」と規制しています（第71条の1）。

また、開閉会式の入場行進で使われる旗、表彰（メダル授与）で使われる旗、演奏される音楽も規定上は国旗、国歌ではなく「各NOCの旗／歌」（第60条、70条附属細則）となっています。

要は、オリンピックは、個人の努力の成果をためし、人類・宗教・政治等の国家の枠を超えた相互理解、国際親善を推進するのが大きな目的なので、国対抗になると国家意識が過熱し、逆効果になることを戒（いまし）めているわけです。

＊塩崎義明作成

道徳科の教科書には、オリンピックにおける国旗・国歌の使用について、ミスリードする記述が散見している。[*22] そうした中において、こうした学びはとりわけ重要と言えるだろう。それは「偏狭なナショナリズム」への実践的な対抗軸となっている。

また、リオ・オリンピックでは「難民選手団」が初めて結成されたことが報じられた。開会式のニュース映像などをキャプチャーしたり、以下の写真を提示して、こうしたトピックを扱ってみたい（図29‐30）。

・難民選手団って知ってる？
・どんな人が何人くらい参加したのかな？
・成績はどうだったんだろう。メダルは取ったのかな？
・旗はどうしたんだろう？

このような問いを投げかけながら、子どもたちによる調べ学習を促し、そこから討論なども組織できる。[*23]

「難民とは何か」「難民が生まれる背景」を考えることは、「国際社会に生きる平和で民主的な国家・社会の形成者としての自覚」（再掲）を持つことにつながる。ここまで述べてきたように、道徳の時間だけでなく、総合的な学習の時間や社会科と連動させていくといいだろう。[*24] そうすれば、まさに「道徳の時間が道徳教育の要として有効に機能する」（一章2　改定の基本方針『中学校学習指導要領解説』）という実践例になりうる。

国連UNHCR協会では難民についての学習を検討している学校に向け難民支援と理解のための取り組みを行っている。開かれた学校づくりや、そもそも文科省も道徳科において現代的課題を取り上げることを掲げていることからも、こうしたイベントを要請することが可能だ（図31）。「科学技術の発展に伴う生命倫理の問題や社会の持続可能な発展を巡っては、生命や人権、自己決定、自然環境保全、公正・公平、社会正

図29
難民選手団のメンバー
フィリッポ・グランディ
国連難民高等弁務官
（写真後列中央）と
2016年リオ・オリンピック選手村の
UNHCRスタッフとともに
©UNHCR/Benjamin Loyseau

図30
リオ・オリンピックの
夢に向かって頑張る、
10人の難民選手団[*25]
©UNHCR

義など様々な道徳的価値に関わる葛藤がある。このように現代的な課題には、葛藤や対立のある事象も多く、特に『遵法精神、公徳心』、『公正、公平、社会正義』、『国際理解、国際貢献』、『生命の尊さ』、『自然愛護』などについては、現代的な課題と関連の深い内容であると考えられ、発達の段階に応じて、これらの課題を積極的に取り上げることが求められる」（四章三節６　⑵現代的な課題の扱い『中校学習指導要領解説』）傍線筆者

公正な地球社会のための教育を追求し、多様性の尊重、地球的諸課題の関連性、世界と私たちのつながりなどをテーマにしてきた「開発教育」からも学ぶ素材は沢山ある。[*26] 例

紛争や迫害により避難を余儀なくされた人の人数は、
第二次世界大戦以降最大を記録し、
6,560 万人を超えました。
こうしている今も増え続けています。

その**半数以上は 18 歳未満の子ども**であり、
世界各地で起きている紛争や迫害の影響を
最も受けているのも、この子どもたちです。

図31　UNHCR HPより
https://www.japanforunhcr.org/lp/refugeechildren（2017年12月27日閲覧）

えば、障害者（チャレンジャー）体験の「ブラインドウォーク」、自他を知る「アイデンティーの競売」、多数派と少数派を体験する「ゴーイングドッティ」、権利として大切なものをランキングする「熱気球ゲーム」など、権利教育という文脈で作成された教材が豊富にある。[*27] 改正のポイントにある「問題解決的な学習や体験的な学習などを取り入れ、指導方法を工夫」に合致するものだ。

「権利とは『学ぶ』ことによって自覚化され、正当な権利行使の仕方が身につくものである。授業の一コマの中で、私たちは『人は信頼に足るもの』『自分は値打ちがある存在』『世の中は変えられるもの』という認識を育てながら互いに学んでいくことが、子どもたちを真の権利主体にしていく営みである（渡辺、二〇一五）。

事例として「アクティビティ熱気球ゲーム」（筆者作成）を紹介しよう。

①以下をA―Mを短冊にしてグループに配布する。
②それぞれの短冊を荷物として、熱気球に乗り込む。

③天候不良で順次、荷物を落とさなければいけない場面を設定。
④何を落としていくかをグループで話し合ってランキングする。
⑤最終的には「たった一つ」の荷物を残す。
⑥落とした荷物の順番について、そして最終的に残った荷物について、各グループで話し合った内容を発表する。
⑦各グループの発表を聞いて、討論する。
※何が残ったかではなく、話し合った内容―落とした理由を共有することが重要

A	（十分な）食べ物と（きれいな）水を与えられる権利
B	遊びのための時間をもつ権利
C	きれいな空気を吸う権利
D	テレビを見たり、ゲームをする権利
E	人にいじめられたり、命令・服従を強制されない権利
F	みんなと違っていること（でバカにされない）を認められる権利
G	自分の部屋を持つ権利
H	夏休みなどには、遠く離れたステキなリゾートで休暇を楽しむ権利
I	学校で学ぶ権利
J	人として、愛し愛される権利

K　自分の話を聞いてもらう権利
L　おこづかいをもらう権利
M　好きなスポーツを楽しむ権利

また、みんな何の体験（エクスペリエンス）の話をしてるのか⁉　回答プレイヤーとヒントプレイヤーに別れてお題を当てるパーティゲーム「ゴールドエクスペリエンス～黄金体験～Gold Experience - Ougon Taiken」[28]、各人が持ち寄った本について公式ルール[29]にもとづき討論する「知的書評合戦―ビブリオバトル」[30]、一人の子どもが、クラスのみんなの前で、自分の好きな物を見せながらそれについて話す「Show and Tell」[31]などは体験的活動を推奨する道徳科の趣旨に沿うものだろう。

遠山正美（埼玉・小学校教師）は、SNS（ツイッター）で知ったある投稿[32]を元に道徳の授業「あったらいいな　こんなもの」を展開した。[33]子どもたちは、この札が聴覚障害を持つ人のためでなく、お店で働くバリスタ（珈琲を淹れるスタッフ）のためだと知って驚きの声をあげる。ユニバーサルデザインという現代的課題を学ぶ上で非常に有効である[34]（図32）。

遠山はこの授業について以下のように述べている。

子どもたちが安心して自分をさらけ出し、安心してSOSを出し、お互いを認め合い、協同で学校生活をつくりあげていく、そんな学級づくりをめざして自主教材で道徳の授業を行ってみました。

2　授業の展開

T「今日は、『あったらいいな、こんなもの』という題で　勉強します。」

T「班になってください。」

（給食の班の形になる）

T「今から班に一枚ずつ、写真を配ります。」

T「この札は、何だと思いますか。班で話し合ってみましょう。」

（班で話し合い）

T「発表してください。」

C「お客さんが店員さんに言うときに使う。」

C「注文するときに使う。」

C「耳の不自由な人のためにある。」

T「実は、この写真の下には続きがあって、

その札が入っている容れ物には、字が書かれています。」

（二枚目を配る）

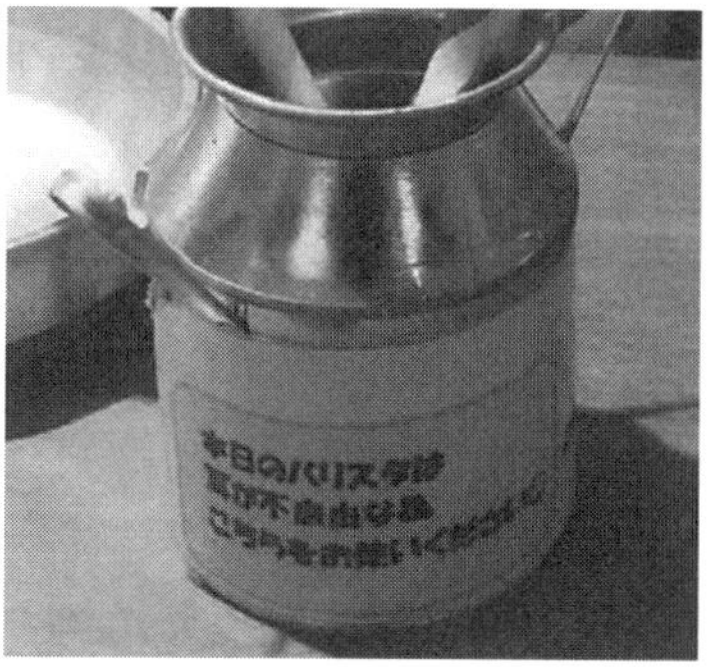

図32

子どもたちの感想は次のようなものであった。

・この勉強をしてびっくりしたことがあります。それは、一つの工夫で、色々な人の役に立つからです。たった一つの工夫で体に不自由のある人や人見知りの人、じょうきょうによっても誰でも使えるからすごいと思います。

・私は、一番心に思ったことは、「一つの目的のためにつくったものが他のことにもやく立つなんてすごい!!」って思いました。なぜなら多分この絵ふだを作った人は、きっと耳がきこえないバリスタのためだったのにいつのまにか気づけばほかのことにもやくだっていたから。

認知症の状態にある人が、注文や配膳を行うホールスタッフをつとめる「注文をまちがえる料理店」も示唆に富むトピックである[*35]（図33）。

このレストランを企画した小国士朗（テレビ局ディレクター）は次のように述べる。

法律や制度を変えることももちろん大切だと思いますが、私たちがほんのちょっと寛容であることで解決する問題もたくさんあるんじゃないか。間違えることを受け入れる、間違えることを一緒に楽しむ。そんな新しい価値観をこの不思議なレストランから発信できればと思います。

レストランに行った工藤瑞穂（soar 編集長）は次のような Tweet をした（図34）。

図33　『注文をまちがえる料理店』

図34　工藤瑞穂（sora編集長）Tweet

認知症のひとたちが働く「注文をまちがえる料理店」のプレオープン
に行って来ました(^^)
ジュンヤくんはおばあちゃんにハンバーグを注文したんだけど、見事
に餃子が来て大笑いしました笑

（多文化）共生社会は寛容性が基盤となる。そうしたことを学ぶのはまさに道徳科の役割ではないだろうか。

「今後グローバル化が進展する中で、様々な文化や価値観を背景とする人々と相互に尊重し合いながら生きることや、科学技術の発展や社会・経済の変化の中で、人間の幸福と社会の発展の調和的な実現を図ることが一層重要な課題となる」

（一章　総説『中学校学習指導要領解説』）

そして道徳教育の根幹は平和教育である。

道徳科を要とした道徳教育が目指すものは、特に教育基本法に示された「人格の完成を目指し、平和で民主的な国家及び社会の形成者として必要な資質を備えた心身ともに健康な国民の育成」（第一条）であり、「幅広い知識と教養を身に付け、真理を求める態度を養い、豊かな情操と道徳心を培うとともに、健やかな身体を養う」（第二条　第一項）こと、（※以下略）につながるものでなければならない。

（二章二節　道徳科の目標『小学校学習指導要領解説』）

平和教育とは、対立（コンフリクト）を越え、異なる人々が手をつなぎ、平和的に共存するための学びである。ヨハン・ガルトゥングは社会には〝直接的・構造的・文化的な暴力―暴力の三角形〟が構造として存在するという。平和教育とは「暴力の三角形」を「平和の三角形」に転換するものである（杉田、二〇一七）。その実践として提示されているのが平和教育アニメーション「ＤＶＤみんながHAPPYになれる方法、ビープロダクション」である。ここには、『鬼退治したくない桃太郎』をはじめとするアニメ三話が収録されており、難解な平和学理論をわかりやすく解説し、日常生活における個人間の仲たがい・いじめから集団および国家間紛争解決へのヒントまでを提供する〝映像〟教材となっている。[*36]対立を解決する方法としての「トランセンド」理論は、私たちがいま学ぶべき重要なテーマであると言えるだろう。[*37]その他にも参加型学習の理論と実践が記された『多様性トレーニングガイド』（森田ゆり、解放出版社、二〇〇九）なども大いに参考になる。「問題解決的な学習、体験的な活動など多様な指導方法の工夫をする」（四章二節　道徳科の指導『中学校学習指導要領解説』）にも合致する。

また、高学年以上（とりわけ中学）であれば「重度知的障害者大量殺傷―相模原事件」などのニュースを教材化することも重要だろう。世の中で何が起きていようと、年間計画どおりに教科書をそのまま使用する授業は形式主義である。それは学びの空洞化、形骸化であり、「考え、議論する道徳」とはならない。**現実社会から遊離させた学習内容は子どもたちに「世界はタテマエで出来ており、そのタテマエに従って生きること」を教えるヒドゥン・カリキュラムになる。**

二〇一七年七月初頭には「核兵器禁止条約」が国連で採択された。しかし、交渉や採決に参加しなかった米英仏三か国と被爆国日本は、それぞれ条約にも加盟しない方針を明らかにした。こうした問題も社会科や総合の時間とからめて積極的に取り上げてみたいものである。*38

3. 全面主義としての道徳教育

「特設道徳」設置（一九五八年）当時から文部行政は「学校における道徳教育は、学校のあらゆる教育活動を通じて行わるべきである」（第一章2　改定の基本方針『学習指導要領解説』）という立場を常に表明してきた。それは修身の復活、道徳教育の国家化という批判をかわすものであると同時に教育の条理にたったものであった。

しかし、押谷（二〇一五）は道徳科について「本来の教科の概念を超えて成り立つものであることから、特別の教科（スーパー教科）となる。さらにいえば、道徳は教科とのかかわりだけではなく、特別活動や総合的な学習にかかわる。その意味でも特別の教科（スーパー教科）なのである」と主張する。

押谷の主張を額面どおり受け取れば、実質的に道徳科は、戦前の修身のようにすべての教科の上に君臨する性格を持たされることになるだろう。しかし、「教科の概念を超えて」というロジックは、そもそも道徳科が教科としては認知できないという本質を露呈している。

「非学問的な偽装」であり、「既に教科論、教育課程原理論からみて、学問的には『特別教科』化は破綻している（折出、二〇一五b）。述べてきたように、学問的根拠がなく、教員免許が付与できない性格であることから、「特別な」を付けなければ教科としての体裁を整えることすら出来なかったということである。

繰り返すが、学習指導要領上でも第二章「各教科」の欄に道徳科は置かれず、新たに第三章を設けざるを得なかったのはそうした理由からである。よって、**「道徳は（正式な）教科ではない」「道徳科の時間だけで道徳をするわけではない」という対抗的理念も現場では必要**になる。以下にあるように道徳性の教育が学校教育全体における総合的な中で推進されるべきことである点においては、筆者は文科省の意向と不一致ではない。

> 教育基本法をはじめとする我が国の教育の根本理念に鑑みれば、道徳教育は、教育の中核をなすものであり、学校における道徳教育は、学校のあらゆる教育活動を通じて行われるべきものである。
>
> （一章2　改定の基本方針『中学校学習指導要領解説』再掲）傍点筆者

しかし、現場ではどうなるだろうか。「道徳がただ各領域の先頭から各教科の末端に付け替えられるだけで、初期の目的を果たすことにはならない。むしろ、『特別の教科　道徳』は道徳教育の要であり中核であるという意味合いを出すためにも、道徳を各教科の先頭に位置づけるなどの手立てが必要になるであろう」（柳沼、二〇一四）という推進派の意見を踏まえる形で道徳科の実践が行われることは容易に予想できる。

すでに教育現場では「特別の教科　道徳」を、やらざるを得ないならばどのようにするか検討しようという動きが各地で起きている。これは、よい（道徳）教育をしたいという意識ではなく「中央の文部行政の動きに後れを取らず、逆らわずに順応していくという今日の教育界の風土の表れ」（折出、二〇一五b）である。こうした忖度の空気を学校現場に蔓延させないための方策が求められている。

今まで「特設道徳」の時間は総合的な学習と連携したり、クラスの諸問題を話し合うなど、子どもの生活実態を基盤にした〝実践的でリアルな道徳性の教育〟に活用されてきた。*39 これは教育の自由—教育課程の自主編成権という重大な問題とも絡んでいる。

しかし、学習指導要領は「年間指導計画は、学校の教育計画として意図的、計画的に作成されたものであり、指導者の恣意による不用意な変更や修正が行われるべきではない」とし、変更する場合は学年などの検討を経て校長の了解を得ることが必要であるとされている（再掲）。今後、より一層こうした縛りが強くなることが予想される。

これはまさに、国家による教育か、「子ども、保護者、地域の生活現実に徹底して根ざす教育」（照本、二〇一六）かの対立点でもあろう。そのためには、〝道徳科のねらい（項目）に示されているものと、地域と子どもの現実の課題との間に整合性を付ける〟など実践的な検討と新たな視点による研究も必要である。

それらは言うまでもなく、全面主義としての道徳教育を後退させずに、むしろ積極的に推進していくことにつながる。「集団づくり」など全生研をはじめとして、民間教育研究団体が行ってきた数々の実践に見られるように、子どもと地域の現実をふまえた実践の中にこそ、道徳性を育む教育が内在してきたのである。[*40]繰り返しになるが、道徳性に関しては、戦後文科省も一貫して、学校の教育活動全体を通して養うものという立場を明確にしてきた。こうしたことから言えば、クラスで起きた「いじめやケンカ」などのトラブルや問題解決の指導がそのまま道徳教育の素材ということが出来るだろう。子どもたちの生活や日常の中にこそ「道徳」の学びがある。

班がえを巡る話し合いだって道徳性を育む実践です。それらを通して子どもたちの「道徳心」を育てていきます。

授業としての道徳の時間にも子どもたちの生活や日常をテーマにした話し合い活動をどんどん取り入れていきましょう。また、現実世界で起きている「差別」や「人権」の問題を積極的に扱うことによって、子どもたちの社会認識（道徳的実践力）を養うことも可能です。道徳性とは「他者と共生する」生き方なのです。

（パンフレット『どうなる道徳？　どうする道徳？』同）

例えば渡辺（二〇一四）は、「ロールプレイと話し合いによっていじめ問題を考える」実践を紹介している。[*41]ここでは、実際に起きたいじめをどうするか考えるために、ロールプレイという手法を用いている。そして重要なのは、そこからクラスで起きている現実に迫り、一人一人の生き方に迫っていることである（渡辺雅之、同書「マキへのいじめ」p.134-139）。

③道徳的行為に関する体験的な学習

役割演技などの体験的な学習を通して、実際の問題場面を実感を伴って理解することを通して、様々な問題や課題を主体的に解決するために必要な資質・能力を養うことができる。

問題場面を実際に体験してみること、また、それに対して自分ならどういう行動をとるかという問題解決のための役割演技を通して、道徳的価値を実現するための資質・能力を養うことができる。

（「特別の教科　道徳」の指導方法・評価等について（報告）4．質の高い多様な指導方法〈平成二八年七月二二日、道徳教育に係る評価等の在り方に関する専門家会議〉）

勿論、このような手法でなくても、いじめ問題を直接話し合うアプローチがあってもいい。文科省も道徳の授業と生徒指導の関連について、次のような方針を示し、道徳の授業（道徳科）の中で日常問題を取り上げることを否定していない。

このように道徳の授業の指導は計画的、発展的に毎週一時間行われるのに対して、一般的に生徒指導も年間計画に基いて指導しますが、児童生徒一人一人の日常生活における具体的な問題に対して援助し、指導するという機能もあるため、いわゆる偶発的な問題を指導する場面が少なくありません。道徳の授業においても、偶発的な問題やその原因等について取り上げることもありますが、道徳の授業の性格からすれば、自ずから制約があるため、突発的、偶発的に生じた問題をその場で指導することについて言えば、生徒指導に期待することが多くなります。

（「生徒指導提要」文科省、平成二二年、p.26）傍線筆者

具体的なアプローチはケースによって、様々考えられるが、子どもたちの集団は本来自らに起きた問題を解決する力を持っている。実際の現場では、カウンセリングなどの個別指導が必要なことも少なくないが、基本的には、討議討論の指導をベースにした「集団づくり」と呼ばれる集団に働きかける教育手法が有効なのである。子どもは友だちの中で生きるに値する自分を発見し、明日に向かって歩くものである。そのような関係性が、支配と被支配の関係になっているのが現象としての「いじめ」であり「差別」である。教師は子どもの本来持つちからを信頼し、子ども集団に依拠しつつ問題解決に向かう姿勢が問われている。渡辺（二〇一四）は次のように述べている。

「いじめ事件」を本質的な解決に導いたのは、（恭一の）いじめられた体験を話すことを促した愛莉の発言である。それを引き出したのはリーダー集団で練ったプランを元に、クラス全体で行った話し合いだった。私に「いじめた奴が悪い」から「いじめる行為・行動が悪い」という転換をはかることの大事さを教えてくれたのは、子どもたちだった（同、p138）。

カテゴリー的には特別活動の中で行われる各行事（合唱コンクールや体育祭など）も、道徳性を育むステージである。そこで起きる様々なトラブルや達成感は、共に生きる世界を発見するものだ。

特別活動の目標には、心身の調和のとれた発達と個性の伸長、自主的、実践的な態度、人間としての生き方についての自覚、自己を生かす能力など道徳教育がねらいとする内容と共通している面が多く含まれており、道徳教育との結び付きは極めて深い。とりわけ、特別活動における学級や学校生活における望ましい集団活動や体験的な活動は、日常生活における道徳的実践の指導をする重要な機会と場である。

（「特別活動　中学校　特別活動と道徳との関連はどうなっているのか。」文科省）[*42]　傍線筆者

これらは、特別活動において道徳性の育成にかかわる体験を積極的に取り入れ、活動そのものを充実させることによって道徳性の育成を図ろうとすることによる。そして、このような体験活動における道徳的価値の大切さを自覚し、人間としての在り方や生き方という視点から体験活動を考えることができるよう道徳の時間を工夫し、連携を図っていく必要がある（同）。

高原史朗（埼玉・中学教員）は、行事が終わったり、学期末などの節目に「クラスのいいところ」を学級通信「ゆめのたね」を使って共有する活動を行っている。[*43]

予定調和的かもしれませんが、この時期に改めてクラスのいいところを確認し合うことを私は大切にしています。それは自分たちにとって誇りとなるものだからです。クラスの「誇り」はクラスにとって必要です。外から見て、いかに「しょうもない」クラスに見えようとそれは関係ないと思います。

「クラスのいいところ」は、それを担っているのが自分たち自身なわけですから、楽しい確認の時間となりました。いろいろな生徒から、いろいろな視点で、たくさんのクラスの「いいところ」が出され

ています。それがクラス全員から出るのですから相当の数になります。私は、それをなるべく省略せずに載せることにしました。

生徒の様子を見ながら通信を読んでいたわたしは、ようやく多少の手応えがあったような気がしていました。「クラスのいいところ」が書かれた通信を一番必要としていたのは私自身だったのかもしれません。

その他にこの時期に行ったことを羅列しておきます。

学年の総合は、「生きる」と位置づけ、「二〇分ずつ各クラスを教師がまわって自分のことを話す」としました。最初は抵抗もありましたが、説教でなく失敗談や悩んだことを話してもらうものです。教師からも生徒からも好評で、三学期まで継続しました。

クラスレクも行いました。もっとも「クラスレク」など名づけるような代物ではありません。グラウンドも体育館も制約があり使えない中で、私が持ち込み、「やるけどいい？」という感じです。まあ、高Tが言うんだし、おもしろそうだからまあいいか、というところでしょうか。

高原の実践は、学級づくりに道徳の時間を連動させ、相互に効果的なものである。全生研は集団づくりを核として、子どもの実生活に即した生活指導が道徳性を伸長させるという立場で研究討議を行ってきた。実践的には、「不利益に黙っていない」「みんなで決めてみんなで守る」を柱として討議・討論の指導を展開してきた。この二つは「社会問題は所与のものではなく、構築されたものである」という社会構築主義の立場とも言える。それは「当事者が声をあげることによって始めて問題が社会の課題となる―クレイム申し立て活動」でもある（宮﨑、二〇一七）[*44]。

道徳性とは、ある意味、社会に起きている問題を自分のものとして捉え、それにアクセスできる意志と力のことでもある。勿論、この場合における社会とは子どもが生活する学級そのものやその中で発生する事案を含むことは言うまでもない。道徳教育の文脈をこのように捉え直した時に、子どもたちの生活実態にマッチした実りのあるものになるであろう。

わたしたちは、一人一人の子どもを具体的な生活者ととらえます。そして、子どもたちが自己の環境との能動的なとりくみを通して自主的な学習をすすめ自治的・文化的な活動を発展させ、人間としての権利を尊び科学的真実を愛し民主的社会の成員としての諸能力を備えた人間に成長することを追求します。（全生研指標　一）

4．教師の共同性

「言うは易く行うは難し」という言葉がある。既存教材の批判的分析や指導プランの作成、そして事例としてあげてきた教材や資料を準備するのは多忙化が進む中において容易なことではない。また担任一人が負うべきものでもない。とするならば、学校規模にもよるが、道徳科の実践は学年を中心とした教師集団で構築したい。自由闊達な意見交換をしながら、子どもの現実に即した道徳実践を行う姿勢を持ちたい。民主的な職場づくりを進める中においては、校長や道徳教育推進教員も大きな力になってくれるだろう。[*45]それは「与えられた（受動）、やらなければならない（義務）」道徳からの転換を意味する。「道徳教育を通じて育成される道徳性、とりわけ内省しつつ物事の本質を考える力や何事にも主体性をもって誠実に向き合う態度」（『中学校学習指導要領』同）はむしろ教師にこそ求められるものだ。

教材や資料を学年教師と積極的に共有し、追試実践をする中で状況を話し合えば改善点も今後の見通しも出るはずだ。生活指導の研究会で、田辺一馬（全国生活指導研究協議会常任委員）によって「二通の手紙」を題材に模擬授業が行われた[*46]（図35）。授業後は現場教員と学生によって集団検討を行った。授業自体は一般的な指導プランによるものである（下記：指導案参照）。そこで出された意見は指導書のねらいの危うさを指摘し、徳目主義や心理主義を越えるものであった。検討会の中で、参加した若林拓斗（当時・大東文化大学三年）は次のような感想を記した。

二日目の道徳についての討議・討論でもまた、自分の思考の狭さを痛感した。この日の模擬授業は、自分が今まで受けてきた道徳の授業のなかで最高レベルのものであった。グループでの話し合いの末に、自分たちの力で「規則を守る」という徳目に達した気がした。しかし、本当はそうではなかった。この徳目に達したのは、教材と先生の誘導であり、押し付け的であったという。自分はこのことに気づけなかったのである。

その後の討議・討論では、自分の感じたことをそのまま発表し、また他の意見を聞いた。その結果、今回の模擬授業の危険性に気づくことができた。徳目の押し付け的な道徳の授業、ヒドゥンカリキュラムなどの問題点を具体的に感じ、知ることができたのである。
今の自分に必要なのは、討議・討論をするために多くの知識や考え方を自分自身にインプットすることだと気づくことができた。そしてその方法は、机での勉強や本を読むこともそうだが、最も重要なのは今回のような勉強会に参加して場数を踏むことであると思う。自ら積極的に参加し、力が足りなくても、揉まれながら力をつけていきたい。

若林はここにある通り、指導書どおりの内容「社会のルールを大切にする心を育てる」に当初賛意を示していたが、集団で検討する中でより教材の本質に迫り、道徳実践のあり方について、認識を新たにしたのである。しかし、何もこれは若林だけに限ったことではない。集団で検討する―「主体的・対話的で深い学び」が要請されるのは指導者であるところの教師集団なのであり、多くの現場教員も自由闊達な討論の中で新しい世界を発見するのである。

「主体的・対話的で深い学び」であり、こうした学びが実現するように、日々の授業を改善していくための視点を共有し取組みを活性化しようというのが、今回の改訂の主眼である。
（「考える道徳への転換に向けたＷＧ平成二八年七月二九日〈第三回〉中央教育審議会教育課程部会」）

そして何よりも「道徳科」において共同性の対象となるのは子どもたちである。今を生きる子どもたちは、消費文化の中にあったとしても私たち大人のアンテナにはひっかかりにくい豊かで多様なコンテンツを知っている。「みんなが心を動かされたものある?」と問えば、漫画、アニメ、小説、ゲーム、映画、音楽……様々なものが挙げられることだろう。[*47]「それを次の時間、みんなに紹介してみないか」、そして「それについてみんなで話し合ってみないか」と誘えば乗ってくる子どもたちは沢山いるはずだ。道徳科こそ、教師が〝素材を準備し、指導案に基いて授業する〟だけのスタイルを乗り越えたい。「あの子があんなことを思っていたのか……意外だった、びっくりした僕と同じだ」など相互のコミュニケーションが豊かになればなるほど、共に生きる世界が広がる。それこそが道徳性の根幹にあるものだ。そしてそうした子どもたちのリアルから私たち大人も学ぶことが出来る。私たちが「やらされる、いやいややる道徳」からの転換をはかるにはそうしたプロセスが欠かせないだろう。

道徳学習指導案

1, 主題名　「規則はなぜ大切か」4-（1）法やきまり、権利と義務

2, 資料名　「二通の手紙」
（出典：「社会のルールを大切にする心を育てる」文部省道徳教育推進　資料6）

3, 主題について
（1）ねらいとする道徳的価値について
本主題は学習指導要領では、主として集団や社会とのかかわりに関することの項目に位置づけられ、「法やきまりの意義を理解し、遵守するとともに、自他の権利を重んじ義務を果たして、社会の秩序と規律を高めるように努める。」ことを具体的な内容にしている。

社会にはさまざまなきまりがあり、法とは社会におけるきまりのひとつである。このような法やきまりによって、秩序と規律のある社会が実現されるのである。

中学生になると社会の中での人間としての生き方について自覚が深まって、法やきまりについてその意義を理解することができるようになる。しかし一方では、自分本位の考えを優先してしまい、「少しぐらいなら」という考え方で、きまりを守れない生徒も少なくない。

法やきまりは、自分たちの生活を守るためにあり、それを遵守することの大切さについて自覚を促すこと、その意義を十分に理解した上で、社会の秩序と規律を自ら高めていこうとする意欲を育てることが重要である。
（2）生徒の実態
略
（3）資料について
本資料は、動物園の入園係をしていた元さんが、閉園間際、に姉弟を入園させたために解雇処分となったことを元さんの元同僚であった佐々木が思い出して語るという内容である。姉弟のためと思って規則を破ったことが、子どもの安全を脅かしたり、何の関係もない大勢の人に迷惑をかける結果となった。解雇通告を受け取った元さんが、改めて命を守るべき規則の意義を理解し、「少しくらいなら」という自分の中に甘さがあったことを心から納得して、晴れ晴れとした表情で職場を去っていく。

この資料を通して、厳しい処分を受け入れた元さんの考え方、生き方に迫り、きまりの意義を理解させ、きまりを守ることの大切さや生き方について考えさせたい。

現在、生徒の規範意識の低さが大きな教育課題となっている。規範意識を高めていくためには、道徳の時間と体験活動を関連させた指導が必要であると考えた。そこで、体育大会・合唱音楽会・職場体験といった学習活動を通して、きまりの意義を理解しそれを大切にする心の育成及び、生徒の規範意識の向上を図ることをねらいとした。

4, 本時のねらい
きまりを守ることは、社会の秩序を保つことであり、それは一人一人の権利を尊重し生命を守ることにつながっているということを理解させ、自らきまりを守ろうという態度を育てる。

指導案提供　田辺一馬

図35　道徳学習指導案

＊1　教育のつどい二〇一七、特設分科会「特別の教科　道徳を考える」発言、二〇一七年八月一九日

＊2　松下の論についての詳細は是非、引用文献を読んでもらいたい。

＊3　授業後の反省会における指導教官のコメントの一つは「面白いアイディアだけど、〇〇市の授業スタンダードから外れてましたね」というものだったと言う。

＊4　正義の感覚は生まれつきなのか、学習によって育まれるかは分かっていない。京大の鹿子木（かなこぎ）康弘特定助教（発達科学）らは、攻撃者、犠牲者、正義の味方、傍観者の四種類のキャラクターが登場するアニメ動画を作り、生後六カ月と一〇カ月の乳児計一三二人に見せた。攻撃者が犠牲者に体当たりして攻撃すると、①正義の味方が助ける②傍観者は何もしない、を四回ずつ交互に繰り返した。
　その後、正義の味方と傍観者の実物のキャラクターを乳児の前に置き、どちらに触れるか調べると、生後六カ月の乳児二〇人のうち一七人が正義の味方を、三人が傍観者を選んだ。別パターンの動画を見せた実験結果も併せると、乳児はキャラクターの色の好みではなく、攻撃者から犠牲者を守る行為と理解して選んだと言えるという。鹿子木は「人間社会が成り立つには一定程度の正義感が必要になる。人間は生まれたときから正義感の原形を備えている可能性がある」と話す。

「赤ちゃんにも正義感？　ヒーロー選ぶ実験結果　京大」（二〇一七年一月三一日　朝日新聞掲載）

＊5　授業では、相手を呼び捨てにする、「くん」づけで呼ぶ、「さん」づけで呼ぶことにどのようなちがいがあるのかを考え、現実の生活場面では自分はどう相手を呼ぶのかを考えられるような教材である、と考えたのです（松永、二〇一七）。

＊6　ＤＶＤ教材「みんながＨＡＰＰＹになる方法」～関係をよくする三つの理論～(Be-Production)なども参考になる。

＊7　小学生の場合は「好きな子」にあえていじわるをするという行動もよく見られる。

＊8　くまの他者への「ゆとり」がどこから生まれているのか考えると面白い。

＊9　猪俣修、埼玉県生活指導研究協議会常任委員。

＊10　杉原千畝を扱った実践としては稲垣勝義による「『私たちの道徳』を授業する～『杉原千畝』の自主編成」（『生

活指導』No.722掲載、高文研、二〇一五）が参考になる。「分析論文『私たちの道徳』を脱構築する！」（渡辺雅之、同）も合わせて参照のこと。

＊11　道徳科においても、主たる教材として教科用図書を使用しなければならないことは言うまでもないが、道徳教育の特性に鑑みれば、各地域に根ざした郷土資料など、多様な教材を併せて活用することが重要である（⑵多様な教材を開発した創意工夫ある指導『中学校学習指導要領解説』p.103)。

＊12　【SAME LOVE－X線越しに抱き合う骸骨たち】https://www.youtube.com/watch?time_continue=3&v=PnDgZuGlhHs（二〇一七年七月六日 閲覧）

＊13　【ＬＧＢＴメディア GENXY】http://genxy-net.com/post_theme04/lgbt20150305/（二〇一七年七月五日閲覧）

＊14　諸説あるが、聖バレンタインデーは、世界各地でカップルの愛の誓いの日とされる。もともと、二六九年にローマ皇帝の迫害下で殉教した聖ヴァレンティヌス（テルニのバレンタイン）に由来する記念日だと、主に西方教会（西ヨーロッパに広がり成長したキリスト教諸教派。ローマ・カトリック教会、聖公会、プロテスタント、アナバプテストなどの総称）の広がる地域において伝えられてきた。結婚を禁止した皇帝の命令に逆らい、数組の夫妻の結婚を認めたことが逆鱗に触れたという伝聞が残っている。

＊15　【桑原功一 facebook】https://www.facebook.com/freehugs4peace/（二〇一七年七月六日閲覧）

＊16　【『日本人が韓国でフリーハグをしてみた』(Free Hugs for Korea-Japan Peace 二〇一一)】https://www.youtube.com/watch?v=kXqWJNOAX8M（二〇一七年七月六日閲覧）

＊17　【Lady Gaga - Born This Way】https://www.youtube.com/watch?v=wV1FrqwZyKw（二〇一七年七月六日閲覧）

＊18　実写版では、悪役ガストンの友人ルフウがゲイをイメージする役割で登場している。欧米でのインタビューで、ビル・コンドン監督は、正式に「ゲイとして連想されるように描いた」と答えています。そうであれば、ディズニー映画史上初めてＬＧＢＴＱ系の人物が描かれたことになります。【あいむあらいぶ（かるび　id:hisatsugu79)】６．ルフウが人間味あふれるゲイ的なキャラとして描かれた http://blog.imalive7799.com/entry/Beauty-And-The-Beast-201704#（二〇一七年七月二三日閲覧）

＊19　感動ポルノとは、障害者を「困難に負けずに頑張っている人たち」と描きことさら感動を呼び起こすコンテンツである。「バリアフリー・バラエティ・ショー」（ＮＨＫ教育テレビ）は「検証！『障害者×感動』の方程式」（二〇一六年八月二八日放映）の中でなぜ障害者が特別な扱いを受けて感動の対象にさせられているのかを、皮肉たっぷりに放送した。その中でコメディアンで人権アクティビストのステラ・ヤングが使った「感動ポルノ」という言葉が紹介された。
【The Drum Home "We're not here for your inspiration"】
https://web.archive.org/web/20160707104422/http://www.abc.net.au/news/2012-07-03/young-inspiration-porn/4107006（二〇一八年二月二〇日閲覧）

＊20　【ＩＲＯＲＩＯ】https://irorio.jp/asteroid-b-612/20141201/183022/（二〇一七年七月八日閲覧）

＊21　【通販サイト　Etsy】https://www.etsy.com/jp/listing/474820031/we-are-all-the-same-black-white-gay?ref=similar_items-12&ga_ref=similar_listings_row&ga_search_type=all&ga_view_type=gallery（二〇一七年七月八日閲覧）

＊22　『小学どうとく2　はばたこう明日へ』教育出版、p.114

＊23　国連ＵＮＨＣＲ協会ＨＰや国際社会ニュースサイトなどで情報の検索は比較的容易である。

＊24　英語科の学習と連動させることも十分可能である。

＊25　【国連ＵＮＨＣＲ　ＨＰ】https://www.japanforunhcr.org/archives/9293（二〇一七年七月八日閲覧）

＊26　詳しくは、ＤＥＡＲ―開発教育協会ＨＰや関連書籍を参照のこと。

＊27　実践例は以下を参照のこと。渡辺雅之（二〇〇二）「参加・自治・友情を育む実践を」、浅野誠、デビットセルビー編『グローバル教育からの提案―生活指導・総合学習の創造―』所収、日本評論社、p.238-248

＊28　【ボドゲーマ】https://bodoge.hoobby.net/games/gold-experience-ougon-taiken（二〇一七年一二月二七日閲覧）

＊29　【ビブリオバトル　公式ルール】http://www.bibliobattle.jp/koushiki-ruru（二〇一七年一二月二七日閲覧）

＊30　【ビブリオバトル　ＨＰ】http://www.bibliobattle.jp/（二〇一七年一二月二七日閲覧）

＊31　【幼児英語専門サイト YoujiEigo.com】http://youjieigo.com/blog/2017/01/showandtell（二〇一七年一二月二七日閲覧）

＊32　【ＣＯＲＯＢＵＺＺ】http://www.bibliobattle.jp/（二〇一七年七月一三日閲覧）

＊33　埼生研大会、一般分科会報告、二〇一七年六月一七日

＊34　この実践は総合的な学習で学んできた福祉と関連づけて行われた。

＊35　【注文を「まちがえる」料理店　ふしぎなお店が目指すものは】https://news.yahoo.co.jp/byline/mamoruichikawa/20170604-00071670/（二〇一七年七月八日閲覧）

＊36　【ビー・プロダクション　ＨＰ】https://www.bepro-japan.com/（二〇一七年七月八日閲覧）

＊37　以下を参照のこと。杉田明宏（二〇一七）『コンフリクト転換の平和心理学：沖縄と大学教育をフィールドとして』風間書房

＊38　しかしながら、折出（二〇一五ａ）は各教科との関連において、「『特別の教科　道徳』を中心において重視するあまり、各教科の授業過程が培う知力は『道徳』性の育成からは軽んじられる。そういう転倒は絶対に避けるべきである」と述べている。折出の指摘は、各教科が道徳科に絡め取られ、各教科の科学性に基づいた「知」を学ぶ場から、設定された「徳目」を抽出する場に変容させられる危険性を説いたものとも言えるだろう。「全教科の道徳化」（吉田、二〇一〇）という問題も注視したい。

＊39　例えば原田（二〇一五）は、バラバラに分断された子どもたちの関係性を授業（含む　総合的な学習）や学活の中で共同性を持ったものに回復させる実践を紹介している。また滝口（二〇一〇）は「社会科と総合・特設『道徳』・学校行事をリンクさせた平和学習の実践」をダイナミックに展開している。

＊40　例えば下記には、発達障害を持つ矢部ちゃんとクラスの生徒が年間を通して〝ともに生きる〟ことを学んだ実践が詳細に記されている。
滝田よしひろ文　「みんなで跳んだ」編（二〇〇一）『みんなで跳んだ―城北中学二年一組の記録』小学館

＊41　「三年Ｂ組金八先生　第四シリーズ」　第三、四話「いじめの輪」「いじめ問題大討論会」一九九五年　ＴＢＳに

てドラマ化され放映。『三年B組金八先生　朝焼けの合唱』（小山内美江子、高文研、一九九五）に同シナリオ掲載。

＊42 【鹿児島教育センターHP　研究に関する情報】
http://www.edu.pref.kagoshima.jp/research/research/project/jh/tokubetukatudou/pdf/11c-tokukatu.pdf
（二〇一七年六月八日閲覧）

＊43 詳しくは、高原史朗（二〇一七）『中学生を担任するということ』高文研

＊44 宮﨑理「ソーシャルワーク教育における『性の多様性』についての学び—当事者を招いた授業実践からの考察—」、関係性の教育学会報告、二〇一七

＊45 校長の方針を明確にし、道徳教育推進教員を中心に指導体制の充実を図るとともに、道徳科の授業への校長や教頭などの参加、他の教師との協力的指導、保護者や地域の人々の参加や協力などが得られるように工夫する。（二節　道徳科の指導　(5)道徳教育推進教員を中心とした指導体制を充実する『中学校学習指導要領』）　民主的職場づくりと関連させないと絡め取られることになる可能性も指摘しておきたい。

＊46 埼生研大会、全体学習「子どもたちの自由な学びを保障する道徳教育の実践」二〇一七年七月一八日

＊47 既に紹介した、ボードゲーム「黄金体験」は対話によって、予想する面白さで協調性や仲間との謎解きの楽しさを味わうことができる。
【Game Market　HP】http://gamemarket.jp/blog/ge2/（二〇一七年一二月二十六日閲覧）

おわりに ―ベクトルを変える

本書では「特別の教科　道徳」の背景と問題点を出来るだけ実践的観点から論じてきた。しかし十分論じきれなかった課題もまた多い。例えば、道徳科とゼロトレランスによる生徒指導の関連、[*1]「〇〇スタンダート」という画一主義との関連、（図36）各教科領域における道徳性の教育の在り方などである。これらについては、今後継続した研究が求められる。

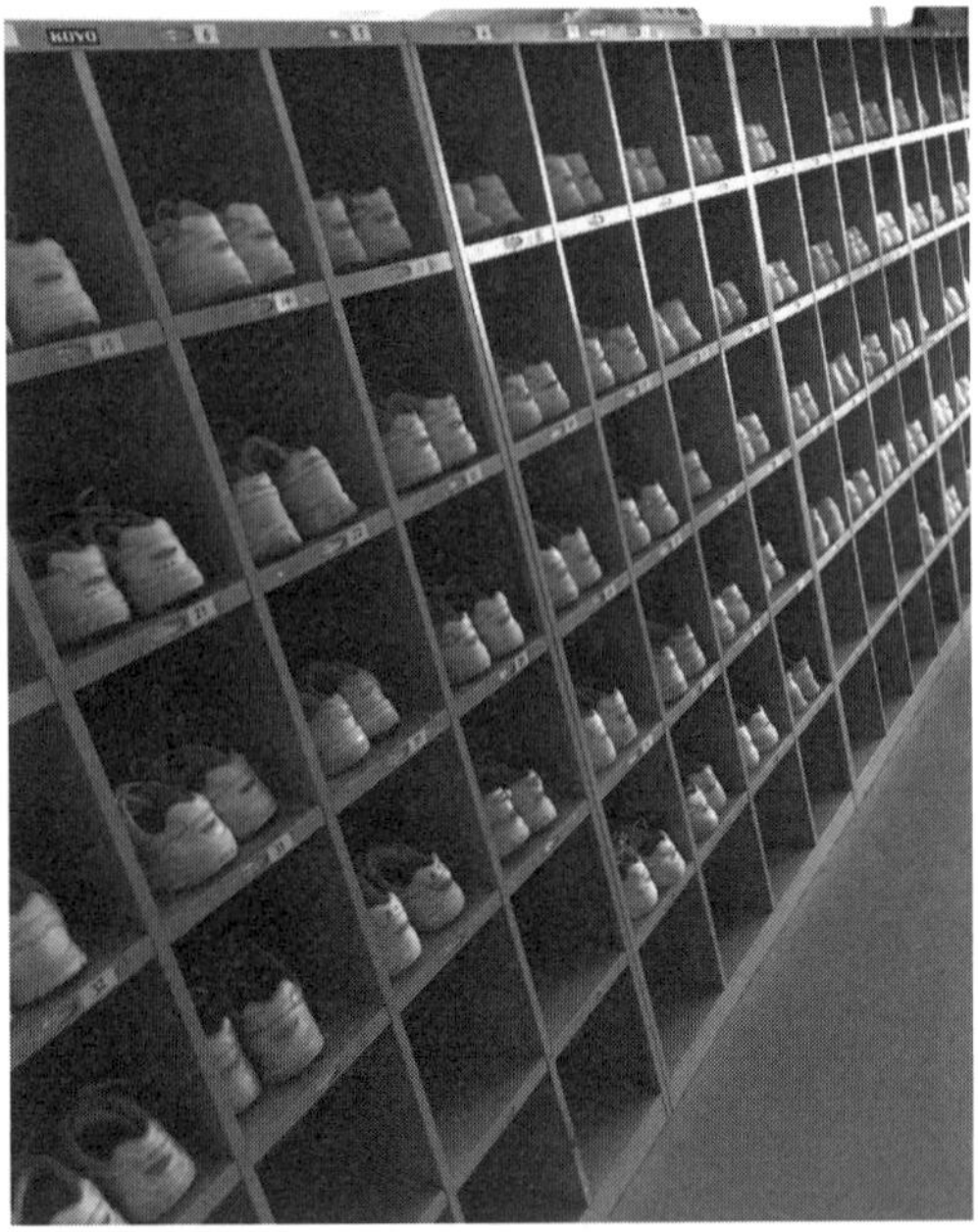

図 36　埼玉県A中学校の下駄箱（撮影筆者）
整然と並べられたシューズ。あちこちに「カカトの乱れは心の乱れ」と張り紙されている。担任教師が点検して回り、子どもたちに注意を喚起するが、教師が授業の空き時間に直してしまうことも多いと言う。とは言え、直してしまう教師たちを一方的に批判することも適切ではない。担任教師たちも出来栄えを評価され、形を揃えることを強制される学校文化の中に置かれているからである。[*2]

ともあれ、道徳性のベクトルが常に子どもたち（のみ）に向けられ、道徳はルール・マナーを遵守すること、生き方のモデルを押し付けることに矮小化しているという基本的な問題を最後に指摘しておきたい。多くの検定教科書には挨拶の仕方の実例や解説がイラストや写真などで紹介されている。[*3]そこには「前言後礼」などが正しい挨拶の仕方として掲げられ、事細かな礼儀作法が示されている。

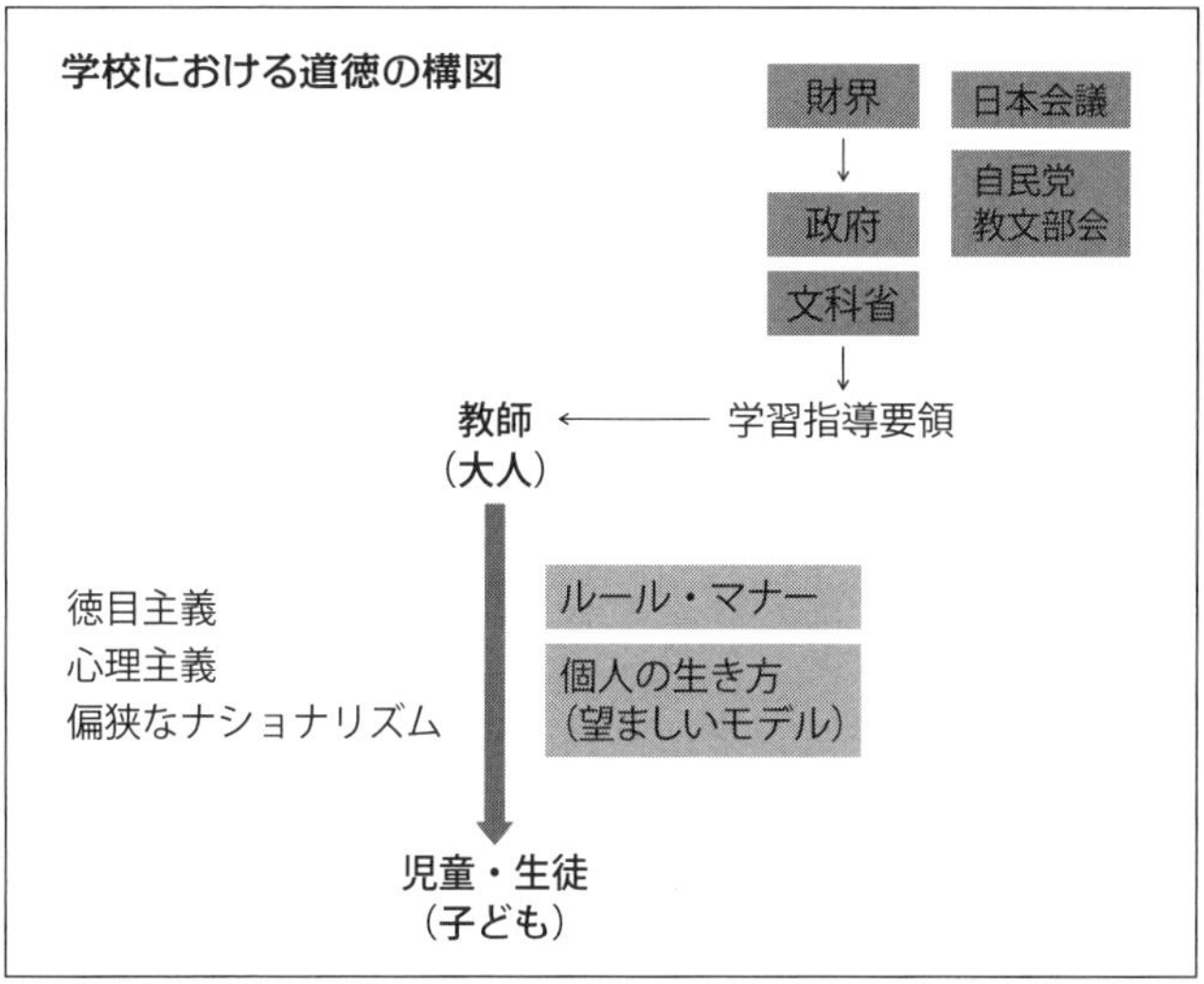

図37　学校における道徳の構図（作成筆者）

ルールやマナーを教えること、それを遵守することと自体に問題があるわけではない。しかし、そのルールやマナーが何のためのものかを問うことなしに、教条的に守るというアプローチが問題をはらんでいる。また、道徳は〝品行方正〟に生きることとイコールではない。本書⑶ニセ科学と徳目主義でオスカー・シンドラーを例に取って述べたように、仮に品行方正に見えない言動であっても人間の道徳性とは矛盾しない。髪が赤かろうが、緑だろうが、パンクファッションであろうが、道徳や正義を語る〝資格〟を失うことはない。なぜなら、道徳性とは表面的に見えるものではなく、その人間の心―本質に宿り、その人の生き方を表すものだからである。[*4]

道徳性のベクトルは教師（大人）から、児童・生徒（子ども）にのみ向けられているが、しかし、その教師（大人）もまた、学習指導要領に拘束され、文科省そして財界や政権与党の意図を伝えるものになっている（図37）。しかし、こうした基本構造を組み替えていくことが求められているのである。

(1) 道徳教育のベクトル

最後にもう一度『小学校・中学校学習指導要領解説』(文科省)の一節を見てみよう。[*5]

「特定の価値観を押し付けたり、主体性をもたず言われるままに行動するよう指導したりすることは、道徳教育が目指す方向の対極にあるものと言わなければならない」、「多様な価値観の、時に対立がある場合を含めて、誠実にそれらの価値に向き合い、道徳としての問題を考え続ける姿勢こそ道徳教育で養うべき基本的資質である」との答申を踏まえ、発達の段階に応じ、答えが一つではない道徳的な課題を一人一人の生徒が自分自身の問題と捉え、向き合う「考える道徳」、「議論する道徳」へと転換を図るものである(同書、p.2)。

「道徳的な課題を一人一人の生徒が自分自身の問題」と捉えるといった場合、その課題とは何かを問わなければならないが、ともあれ、「特定の価値を押し付けない」「考え続ける姿勢」に異論はない。しかし**書かれていることと、進行している事実に大きな乖離があることが問題の根幹であり、それこそが道徳的に問われなければならない**のである。

「道徳とは何か」いう問いを素通りした学校の道徳教育は、それ自体が深刻な道徳的問題を抱えている。

だとすれば、その問いを封じたまま、授業改善だけを試みようとする日本の学校の道徳教育は、今なお深い混迷の中にあるといわざるをえない（松下、二〇一一）。

日本の学校の道徳教育を深い混迷に追い込んできたのは、文科省を中心とした教育行政であり、それを背後から操ってきた特定の政治権力ではないか。「特定の価値観を押し付けたり、主体性をもたず言われるままに行動するよう指導したりすることは、道徳教育が目指す方向の対極」にあると言いながら、今まで見てきたように「道徳科」によって導かれる実践のほとんどは「特定の価値観」を押し付けるものである。同時に、「主体性」と言うが、それは日本国民としての義務を誠実に履行する限定的かつ隷属的な「主体性」に過ぎない。

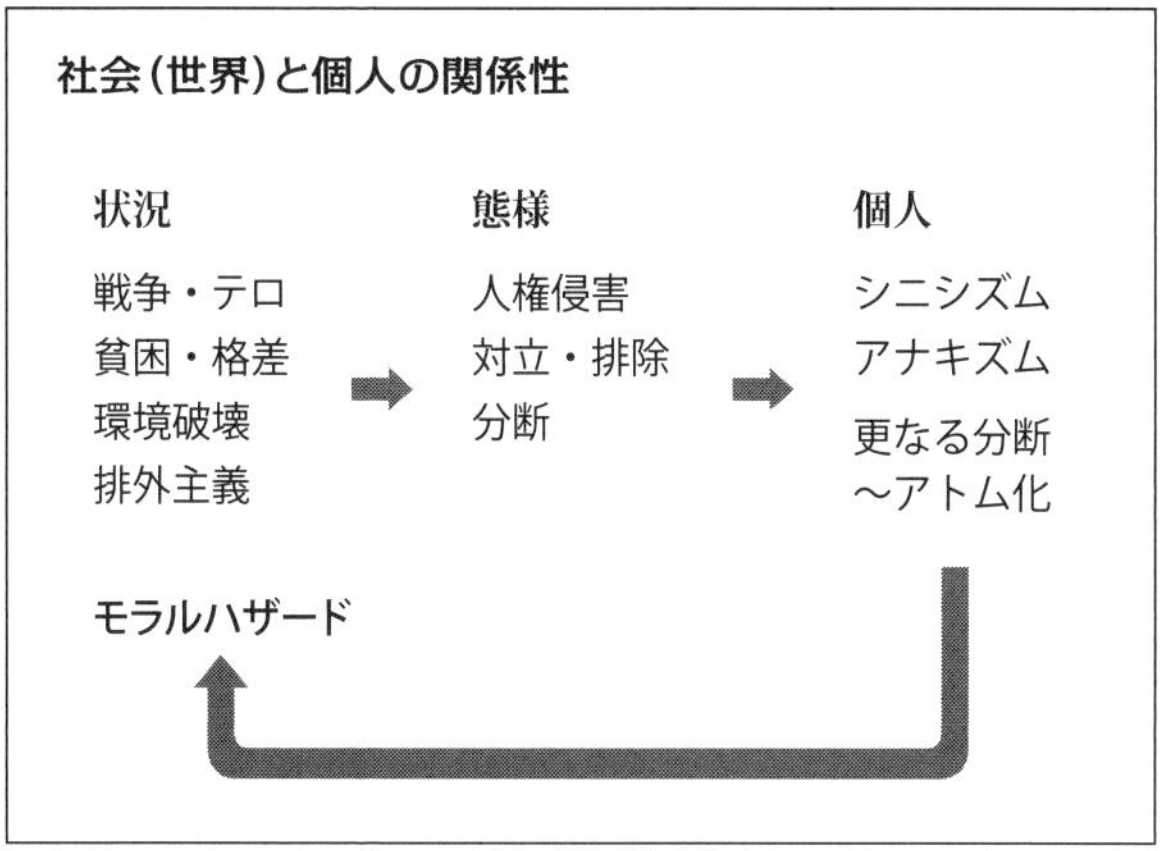

図38　社会（世界）と個人の関係性（作成筆者）

図38は社会（世界）と個人の関係性を表したものであるが、言わばこれは負のスパイラルである。

ここまで論じてきたように、道徳教育のベクトルは、子ども（個人）の内面に向かうことが強調され、道徳教育の責務を負うものは担任をはじめとする教師たちである。しかし、そもそも、教育の目的は人格の完成を目的とし「平和的な国家及び社会の形成者」（教育基本法第一条）を育てることであり、生きるに値する自分を発見する道のりである。他者との関係性という意味で言えば、勇気と希望をシェアしあうエンパワメントEmpowermentをその本質とする。その文脈で考えれば、**道徳教育は他者への共感性を基盤としながら「教室と世界はつながっていること」を知り、「自分たちの手で社会（世界）を変えることが出来るという実感と見通し」を持つための教育活動であり、シティズンシップ教育であり、地球市民のための教育**（渡辺、二〇一四）**そのものである**。言い換えれば、それは平和教育であり、人権教育であり、多文化共生教育であり、持続可能な開発のための教育－ESDであり、主権者教育であり、そうした意味で社会に働きかける政治教育としての性格を強く持つものなのである。

またこうした教育活動における学びは教授型、誘導型ではなく、対話を基調とし、子どもたち相互の討論や発展的な調べ学習・「問題解決学習」（P・フレイレ、二〇一一）に導かれる必然性を持つ。そして子どもたち同士で異なる意見をたたかわせ、新しいものの見方や考え方を獲得し新しい世界に拓かれていく。[*6]〝共同して学ぶことの意味〟言い換えれば、〝共同して生きること〟を実感するものとなるはずである。つまり**道徳性の教育とは「異なる他者と共に生きる術」を学ぶことであり、一人ひとりの心の中に生きる勇気と希望を育むものであり、同時に社会の主体者**（権利主体）**として正当な権利を行使できる人間を育てること**でもある。

北野（二〇一五）は次のように述べる。

ものすごく単純な話で、子どもに友だちと仲良くしましょうっていうなら、国と国だって仲良くしなくてはいけない。子どもに「いじめはいけない」と教育するなら、国だってよその国をいじめてはいけない。武器を持って喧嘩するなんて、もってのほかだ。（中略）いかなる理由があろうと戦争は許されないってことになる。それがフラクタル※ってもんだろう。ところが大人たちはどういうわけか、そっちの話には目をつぶる。子どもの道徳と国家の道徳は別物なのだそうだ。（中略）道徳を云々するなら、まずは自分が道徳を守らなければならない。それができないなら、道徳を語ってはいけないのだ（前掲書、p.50–52）。

※フラクタルとは自己相似性のことで、この場合子どものケンカと大人のケンカ（戦争）は相似形であり、同質のものであるという意味（筆者）

北野の論は道徳を語る話者の矛盾を鋭く指摘し、子どもにだけそのベクトルを向けることの根本的なおかしさを喝破しているものである。山脇（二〇一二）は高木仁三郎の公共論と原発批判を引用する中で「国家が決めたのだから、それが公益だ」と説いた若い役人（当時・科学技術庁）の精神構造を問題にする。「国家＝公」という国家主義的公共論は誤りであり、それは「国家組織による公益の私物化」と批判した。そして科学技術庁がのちに文科省に統合され、こうした間違った公共論を抱く役人が、日本の教育を育て再生産していることに大きな懸念を表した。これもまた北野の視点同様に道徳教育のベクトルの混迷を示唆しているものである。

言うまでもなく、道徳科が内包する問題は古くて新しいものだ。「特設道徳」（一九五八年）の設置当時から、城丸章夫の批判は厳しい。「特設道徳」を推進しようとする政治家たちを批判する文脈の中で、城丸は「この人たちは、五〇万の現場教師大衆に手をついてその不明をわびるべきである。『道徳をやらなかったから不良が増えた』などという失礼な言い草は、そっくりそのまま返上し、原告と被告はその位置を入れかわるべきである」と述べている。この主張は、「特設道徳」設置当時からすでにそれが教育にコミットするものではなく、政治的思惑で進行していることへの厳しい批判であった。「特設道徳」の強行に際し「賛成論者も反対論者も、十分に話し合う余地が残されている。これに対して政治的術策を弄して強行するというのであれば、かりに私が賛成論者であるとしても、断乎として反対せざるをえない」(一部・再掲)という言葉にその思いが表れている。城丸もまた道徳教育における逆立ちしたベクトルを問題にしていたのである。

アメリカ合衆国大統領選挙において、民主党候補のバーニー・サンダースは「正義とは」(二〇一六)というスピーチを残している。

道徳的生き方とは何だろう
私たちが「道徳」を語るとき
そして「正義」を語るとき
私たちは理解しなければならない
不正義とは
あまりにも少ない数の人たちが
あまりにも多く持つということだ

そして、あまりにも多くの人たちが
あまりにも少ししか持てないことだ
不正義とは
上位一%の一〇分の一というごく僅かな人たちが
その下の九〇%の人たちとほぼ同じ富を所有していることだ
何百万の人たちが長時間労働をし
あきらかな低賃金で懸命に働き
それでも家庭で待つ子どもに、まともな食事を与えるだけの収入を得ることができない
不正義とは
アメリカ合衆国という国が
世界のあらゆる主要国の中で、子どもの貧困率が最も高いということだ
私たちがどうして「道徳」と「正義」を語ることができようか
自分の国の子どもたちに、背中を向けているというのに
私たちの国は多くの財源を
世界で最も多くの人たちを投獄するために使いながら
自分の国の若者たちに、仕事や教育を与えるための福祉の財源はないという
私たちは世界の主要国で唯一
「権利」としての医療を全ての国民に保障していない

全ての人びとは「神の子どもたち」だ
貧困にあえいでいる人たち、彼らにも病気になったら医者へ行く権利がある
皆さんに考えてほしい。この素晴らしい国が持つ「可能性」というものを
私たちは他の主要国のように、全ての人々に権利としての医療を保障する国になることができる
私たちは働く親たちの全てが、安価で質の高い育児ケアを受けられる国になることができる
私たちはアメリカの子どもたちの全てが、親の所得に関係なく
大学教育を受けられる国になることができる
私たちは高齢者の全てが、人生の最後まで尊厳と安心を持って暮らせる国になることができる
私たちは全ての人々が、人種、宗教、障がい、性的嗜好に関係なく
生まれた時から約束されている、アメリカ人としての平等の権利を十分に享受できる国になることができる
兄弟姉妹たち
そんな国を私たちは創ることができる
私たちがともに立ち上がり、私たちを分断させようとする力に抵抗するならば
アメリカの歴史は人間の尊厳のための闘いの歴史、そして苦しみの歴史だ
それは「私は人間だ。私には権利がある。あなたは私を不当に扱うことはできない。私には尊厳が必要だ」
という苦しみとの闘い
人々は労働組合を結成し、人々は抗議して闘い、人々は命を落とし、人々は暴行を受け、人々は投獄され
てきた

何百万の人びとがともに立ち上がり、そして闘う時
彼らは勝つのだ
　「正義とは」バーニー・サンダース二〇一六年　PV[*7]

アメリカを現在の日本と置き換えても宗教観以外はほとんど違和感がない。彼の主張は「道徳」と「正義」を同列または同価値に置くものである。それは、つまり社会的正義を実現するものが道徳であり、J・ロールズ（二〇一三）の言う「公正的正義」の文脈でもあり「正義の善」と呼ばれるものである。

正義とは「各人が各人にふさわしいものを得ること」と定義され、等しいものを等しく扱うという意味で公平性や平等性がその本質である[*8]（河野、二〇一一）。

いずれにしても、道徳性のベクトルは「全ての人々が、人種、宗教、障がい、性的嗜好に関係なく生まれた時から約束されている」（再掲）人権の実現に向けられるものであり、社会における公正・公平性を毀損するものとたたかうことがその中には含まれている。**それは社会（国家）の従属物としての「わたし」ではなく、権利主体としての「わたし」が世界に登場すること**でもある。

寺田（二〇一六）は「選挙に行こう〜政治に参加しよう[*9]」という呼びかけの中で次のように言う。

　わたしは、この社会をつくっている主体の一人なのに、観客席に座って、上からコートを眺めて、おい、もっと走れよって、なんでそこでゴールを決められないかなって、まるで監督みたいに文句を言っ

てて、だけど、わたしだってこの社会のプレーヤーの一人だった。コートに出もせずに、本当は存在しない、安全な観客席に座っているつもりでいた。だけど、そんなわたしにも、ボールは回ってきた。汗にまみれて、泥だらけで、たくさん傷がついたそのボールは、わたしに、こう問いかけながら迫ってきた。「民主主義ってなんだ」もう逃げられないと思った。それで、やっとわかってきた。小さい頃からずっと思っていた、どうして社会は変わらないんだろう、どうして戦争は終わらないんだろうという問いは、わたし自身に向けられた課題であったと。

寺田は社会に対して傍観者だった自分が、行動する中で、それが自分に問われていた課題であることに気付く。主体性を持った個人として社会に登場する中で、問いのベクトルを自分と社会に向け直したのである。子どもたちが社会に生きる権利主体として、自分の身の回りで起きていることと世界で起きていることがつながっていることを理解し（理解しようと試み）、**社会の諸矛盾に対して一人の人間として周囲の他者とともに立ち上がり「権利意識―セルフエスティーム（森田、二〇〇七）」を自分のものとする時、道徳性の教育はその内実を獲得する。**それは道徳科を現場教師と子どもたちのためのものに創造的に作り変える道筋と重なり、国家のための道徳か、この国（地球）に暮らす全ての人びとのための道徳かという分岐的でもある。

教育は人間として成長し発達しつつある子どもに対して、他者が教育的な働きかけを行うことで子ども自身の人格の形成を促す営みと定義される。もともと、誰もが有している人間としての可能性を引き出し、それを現実の諸能力として開花するべく励まし育てていく道のりとも言えるだろう。

そこには〝人間はもともと弱い存在である〟ということが前提になければならない。池谷（二〇一六）は「脆弱性 vulnerability」という概念を用いて、人間社会の継続と発展の鍵は「弱さ」にあると論じている。たとえばそれは、自立した強い個人が生きる社会というイメージではなく、弱さを持つゆえに共同し助け合う人々が集う…それこそが「個の尊厳・人権」を基調とした世界であろう。そして、どうして格差が生まれるのか、どうして民族差別が繰り返されるのか、どうして戦争が起こるのか…などの問題を考える中で、社会の正義のあり方が検討され、同時にそういう正義をすすめようとする個人の側の道徳性も形成されていくという筋道が生まれる。図39はそれを視覚化したものである。

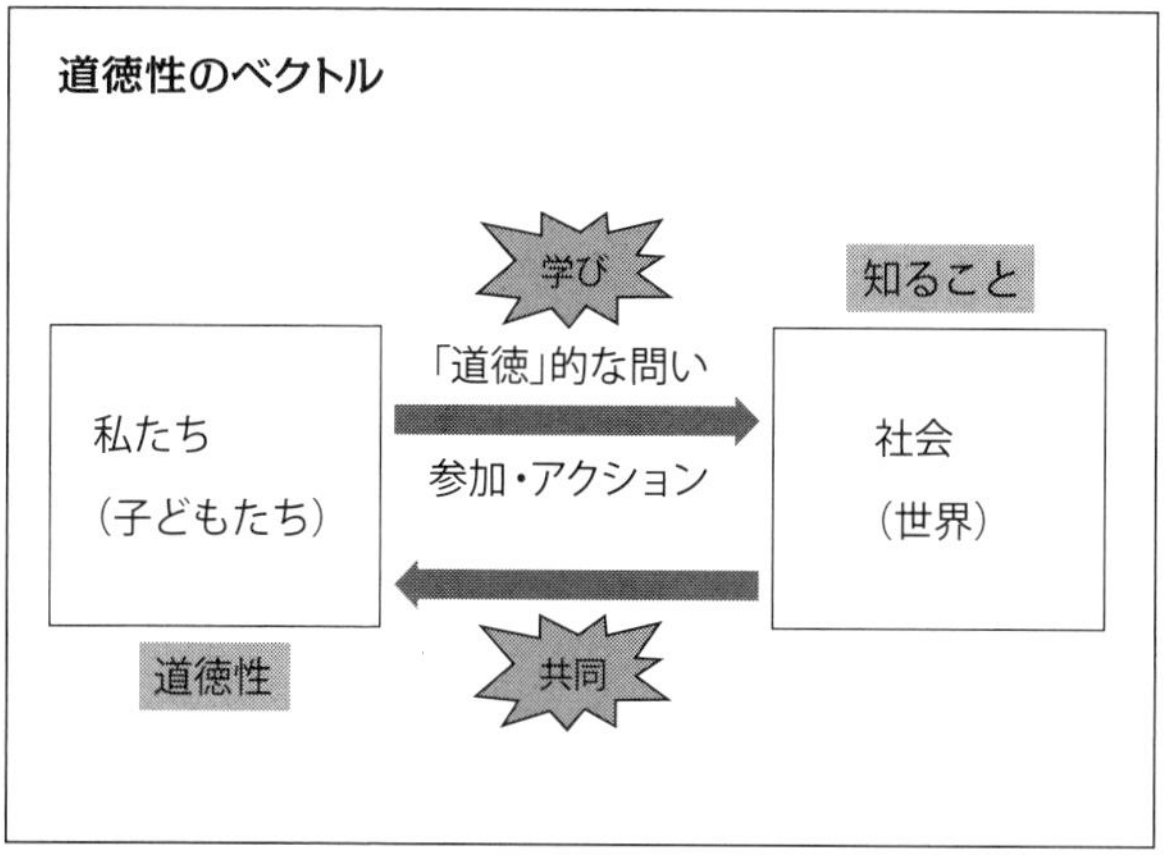

図39　道徳性のベクトル（作成筆者）

私たちがめざす道徳教育は、日本国憲法の理念に則り、子どもの自主的な価値選択と行為の能力を育てること。そして道徳を人類共生のための規範としてとらえながら、子どもの中に人権尊重を基本とする民主的な価値観・規範意識を育てることだ（藤田昌士、二〇一四）。

こうした論点は絵に描いた餅のようなものなのだろうか。決してそうではない。なぜならそうした試みは戦後民主教育の中に脈々と流れ、今もなお各地で創造的な実践が行われている事実があるからである。

(2) 希望としての道徳教育

例えば、全生研は「特設道徳」の設置に反対し「生活指導・集団づくり」を通して民主的道徳の実践を追求してきたことを今まで述べてきた。折出(二〇一五a)は、子どもの権利条約(一九八九年国連採択、一九九四年批准)の精神を元にして、いま目指す集団づくりのキーワードは、「子どもの一人一人を権利主体として育てる市民的自立、その知の力につながる学び、相互承認に立つ共同と連帯である。この全体を概括して参加民主主義の集団像の探求」であると主張する。[*10]

すでに紹介してきたように、現場レベルでも取り上げきれないほどの数々の取り組みが行われている。多忙の中で自主教材の編成に取り組み、子どもたちと共に切り拓こうとした実践は道徳科を越え、新たな学びを創りだす可能性に満ちている。それらは日常の学級集団づくりの延長線上にあり、そこにまた還流していくものである。宮城の中学教師・制野俊弘が鳴瀬未来中学校で実践した「命と向き合う授業　被災地の一五歳・一年の記録」(「NHKスペシャル」二〇一五年三月二九日放映)は、津波によって家族を失い心に傷を負ったゆえに、それを自分の心に閉じ込めてきた子どもたちが、作文と思いを共有する教室で心身の傷を回復していく姿が描かれている。

涙ながらに体験を吐露する友人に同級生が言葉を掛け合う命の授業は、心のケアにつながる可能性があるだけでなく、人が抱える痛みに思いをはせ、いたわり支えあうという、人として最も大切なことを学ぶ場にもなろうとしている(番組制作者　コメント[*11])。

これらの実践は子どもの生活現実に寄り添うと同時に、対話の教育がベースである。そうした対話の担い手としての教師について、梅原（二〇一〇）は「指導する教師の側には、子どもの実態に即した創意工夫と専門性を発揮することが、教育の権利として認められなければならない」と言う。何度でも述べよう。**子どもにとっても教師にとっても教育は権利として在り、国家の従属物としてのそれではない**のだ。

また学校外―時にはストリートに、道徳性の教育が本来的な意味を発揮している創造的な実践―アクションが存在することを既に私たちは知っている。それらはSEALDs, T-nsSOWL, エキタス-AEQUITAS, ReDEMOSらによる社会参加アクション。また、ヘイトスピーチに抗議するカウンター（プロテスター）、沖縄辺野古移設反対の活動などに見られる、時に身を呈した直接行動など枚挙に暇がない。「安全保障関連法案に反対する学者の会―学者と学生によるシンポジウム（二〇一五年一〇月二五日）」において大澤茉実（当時関西SEALDs）は次のようなスピーチをしている。[*12]

武器を持ち、人を殺すことが「普通の国」だというのなら、私はその「普通の国」を変えたいんです。（中略）私は、手触りと沈黙を大切にし、私の言葉で私を語り続けます。それが、私にとって唯一のアイデンティティであり、私にとっての〝自由〟であり、私の反戦の誓いであり、ファシズムとすべての差別に対する私のできる最大の抵抗だからです。そして誰にもそれを打ち砕くことはできない！　なぜなら、私の想像力も、私の言葉ひとつひとつの背景にある笑いや涙の経験も、誰にも侵すことはできないからです。（中略）

私は、戦後七〇年を迎えるこの国に、世界中で銃声に怯える子どもたちに、明るい未来を見せる努力を求めます。貧困大国であると同時に自殺大国でもあるこの国に安心して命を育める環境を求めます。政治家の一人ひとりに、この国とこの世界に生きる人びとの、くらしや、夢や、命に対する想像力を求めます。私の言葉を理想論だとか、きれいごとやと笑う人がいるかもしれません。でも、希望も語れなくなったら本当の終わりです。

だから、私は明日からも路上に立ちながら大いに理想を語ります。夢を語ります。それは、そうやって社会をつくっていくのが、これからを生きるすべての人に対する私の使命やと思っているからです。いま、言葉を失い、打ちひしがれ、自分には力がないと思い込まされているすべての人に、過去の私に、その姿を見せなあかんと思っているからです。（中略）私の手の中には、ただ、未来だけが残されています。（中略）本を読み、過去に学び、路上に立ち続けましょう。希望を語り、小さなことをやり続けましょう。それが、目の前の「当たり前」の絶望を変えていくことを、歴史が証明しています。

二〇一五年一〇月二五日、大澤茉実、私は安全保障関連法案に反対し、私と、私の大切な人が生きる社会に、自由と民主主義を求め続けます

大澤は音大受験に失敗してから、アニメやアイドルの世界にはまり込み布団の中で半ば引きこもったような生活を送っていた。しかしアルバイトで出会った貧困、DV、ネグレクトなど困難を抱えた女の子や援助交際に依存する女子高生たちと対話する中で絶望を抱えながら生きている自分とその子たちがかぶって見えたと言う。そして「命を馬鹿にする政治が許せなくなった」と述懐する。やがてSEALDsのメンバーのスピーチが「わたし」という主語で語られることの意味は「ジェンダー、国籍、階層、文化的背景などのさまざ

まなアイデンティティの束であるそれぞれの個人と私のあいだに確かに通じ合うもの」であると気付く。そしてよく語られるSEALDsのかっこよさは何一つ持っていない自分だが、一緒に生きていきたい人たちがいる、取り戻したい自分自身の人生がある、だから「オドオドしながら運動に加わるのもまたカッコ良いじゃないかと、去年までの布団の中にいた自分を慰めたい。一緒に働く女の子たちの『生』を肯定すると同時に、自分自身の『生』をも肯定したいのだ」（大澤、二〇一五）と述べている。

布団の中から路上に出た大澤の証言は、他者とリアルに出会うことによって自身がエンパワメントされたことを示している。同時に、絶望は社会の矛盾が生み出していること、それを自己責任論の中に閉じ込めることなく、他者と手をつないで歩くことの大切さを教えてくれる。希望を語り、小さなことをやり続けること、それが「当たり前に見えている絶望を変えていく」という言葉は、**分断されている世界（他者）と自分（わたし）をつなぎ直す唯一の方法であり、そうした意志と行動の根幹にあるのは、人間の尊厳という道徳性そのものである。**そしてそれはすぐれて政治的であり「この社会は私の社会であり、あなたの社会なのだ」という他者への呼びかけと応答関係を含んでいる。

政治に対して無関心なのは若者に限ったことでもなければ、いつの時代も同じであると私は考えている。私たち市民が政治に無関心であるがゆえに、自分たちが不利な社会で生きることになっているという自覚をもっている人はほんの一握りだ。しかし、周りを見渡せば私たちの生活にはおかしなことが至る所に存在している。それは私たち学生にとっても例外ではないはずだ。「この社会は私の社会であり、あなたの社会なのだ」と言う当たり前のことをSEALDsのメンバーは訴えているに過ぎない（林田、二〇一六）。

伊田（二〇一六）は、日本社会は行き詰まりの中で暴力主義・排外主義的空気が広がり、保守化し、格差・貧困の拡大、自己責任論の興隆、主流秩序が維持強化されていると言う。だからこそ、「各人がみずから抑圧や不合理な扱いに声を上げていくことが求められている。教育が、被害者だけでなく、加害者、子ども、まわりの人（家族、友人、学校や職場など所属集団の人、近所、その他）など皆に対して、対処する力を保障していくことこそ、この暗い状況の中での希望である」と述べる。

反差別運動にかかわる人たちの中においても、実現することは難しいと思われていたヘイトスピーチ対策に関する法律「本邦外出身者に対する不当な差別的言動の解消に向けた取組の推進に関する法律（ヘイトスピーチ解消法）」が二〇一六年五月に制定された。これは、路上のカウンターの動きなくしては達成しえなかった社会的道徳性（倫理）の確立へ向けた大きな一歩である。[*13] 道徳性のベクトルが社会に向けられ、そこに一人ひとりが権利主体として「参加」することによってもたらされたものであると言えるだろう。

こうした具体的行動を通してこそ、自分の生き方すなわち自身の道徳性を問うベクトルが生まれてくる。それは大人であっても子どもであってもまったく変わることがない。子どもにのみ道徳性のベクトルを向ける前に、我々自身と社会にまずそれを向けていくべきではないか。世界の子どもたちもこう宣言した。「おとなたちは、私たちを〝未来を担う人〟と言いますが、でも私たちは、〝今を生きている人〟でもあるのです」[*14]（A World Fit for Us〈私たちにふさわしい世界〉「国連子ども特別総会アピール　二〇〇〇年五月八日」）。そもそも**子どもは「幸せに生きる権利主体」**（三上、二〇一四）**であり、道徳性の教育とはそれを保障し、エンパワメントするもの**なのである。

あらゆる人々が真の意味で道徳的に生きられる可能性と希望は、新自由主義と自己責任論の嵐が吹き荒れる今の学校・社会（路上）の中にも確かにあることを確認して本書を閉じたい。

希望を持つということは、まだ生まれていないもののためにいつでも準備ができているということであり、たとえ一生のうちに何も生まれなかったとしても絶望的にならないということである。
エーリッヒ・フロム『希望の革命』

＊1　佐貫（二〇一六）は「本質からいえば、ゼロトレランスとは『寛容』がゼロなのではなく、『教育』がゼロ」と指摘している。さらに「規範を守れない背景には生きづらさや、自己肯定感の喪失など困難を抱えている場合が多く、そういう子どもが立ち直るためには、困難な状況や生活環境に周囲が共感し、時間をかけた集中的な教育が必要なのです。しかし、ゼロトレランスはそういう教育的な働きかけをしない、つまり教育を放棄して、罰則を適用することが教育だとする教育的な働きかけの断念の結果に他ならないのです」と述べ、道徳の徳目の実行を、その評価の権力で強制するというのは、それに通じる方法だと厳しく批判している。すでに実施されている国旗・国歌の強制はそういう手法を導入したものであり、生徒の内心の自由を侵し、支配的な権威への従属を強制する訓練となり、深刻な人権侵害を引き起こさざるを得ないという佐貫の指摘を抑えておきたい。

＊2　張り紙の通り、仮に「カカトの乱れが心の乱れ」だとするならば、心の乱れを「直す」ことが課題にされなければならないだろう。

＊3　例えば学校図書『かがやけ　みらい　5年生別冊』

＊4　ヘイトスピーチに反対し、抗議をする人たち（カウンター）がいる。その抗議スタイルはいわゆる品行方正なものではないケースもある。しかし、「どっちもどっち（レイシストもカウンターも同じ）」という批判は相対主義であり、社会の中に存在する反道徳的な差別を容認し放置する論理につながる。

＊5　「道徳教育の充実に関する懇談会（平成二五年）」報告を受けた「中央教育審議会（平成二六年）」答申を元に作成されている。

＊6　子どもたちの対話については、学級通信を使った誌上討論を展開した実践がたくさん生まれている。(例)「『思いやり』物語…教材づくりからの道徳・紙上討論の実践を通じて」高橋勇（北海道苫小牧市明倫中学校）、教育のつどい二〇一七、特設分科会「特別の教科　道徳を考える」報告

＊7　【「正義とは」バーニー・サンダーズ　二〇一六年】
https://www.youtube.com/watch?v=CZFjR1CerVk（二〇一六年五月四日閲覧）

＊8　他方、リベラリズムにおいては「善」とは各人が自律的に追求すべきものであり、他者から強制されるものではないという視点を提起している。

＊9　【SEALDs VOICE　寺田ともか】http://sealdspost.com/archives/1236（二〇一六年六月八日閲覧）

＊10　これは何も日本国内に限定することではない。例えば天野(二〇一三)はアメリカの「プロジェクト・ベース・ラーニング(ＰＢＬ)」やデンマークの「プロジェクトワーク」と「対話」の教育を紹介している。前者は環境問題をテーマにした学習活動がアメリカ社会にコミットした事例。後者は「協働して学ぶ力を育てる」ことをメインに「クラスでの話し合いや生徒会を通して民主主義を学ぶ」ことを目標としている事例が報告されている。こうした活動が子どもたちの道徳性の根幹になることは疑う余地がない。

＊11　【ＮＨＫスペシャル「命と向きあう教室～被災地の15歳・1年の記録～」】
https://www6.nhk.or.jp/special/detail/index.html?aid=20150329（二〇一六年五月一九日閲覧）

＊12　【安全保障関連法に反対する学者の会〈学者と学生によるシンポジウム〉二〇一五年一〇月二五日　大澤茉実スピーチ】

https://www.youtube.com/watch?v=4W2N_cG9dfA（二〇一六年五月一九日閲覧）

＊13 ヘイトスピーチ被害の当事者である李信恵（在日コリアン三世）は「路上が国会に繋がった。ヘイトスピーチ対策法は、路上に立ってたみんなが作った法律だと思う。嬉しくて、涙が止まらない」（二〇一六年五月一一日）とTweetしている。

＊14 A World Fit for Us（私たちにふさわしい世界）「国連子ども特別総会アピール　二〇〇〇年五月八日」（訳：国連特別総会日本政府代表顧問　福田雅章）、木附千晶・福田雅章文　森野さかな絵（二〇一〇）『「子どもの権利条約」絵辞典』、ＰＨＰ研究所、p.46

あとがき

神奈川新聞「カナロコ」に〝定番〟教材「るっぺどうしたの」に関して、小学六年生の子どもを持つ母親のコメントが掲載された。[*1] おさるのるっぺは、〝わがまま〟で言うことを聞かないキャラクターである。「朝一人で起きられない、靴のかかとをふみながら登校する、それを友だちに注意されると、留め具を止めていなかったランドセルから文房具を路上に落としてしまう、砂場の砂をクラスメートに投げてしまう」そんなるっぺを母親は「うちの子みたい」と感じる。発達障害のグレーゾーンとなる自分の子どもに似ていると言うのだ。

・るっぺのこまったところをみんなで話し合ってみよう。
・るっぺのようにならないようにするために、自分はどうすればよいかみんなで話し合ってみましょう。

母親は「教材どおりに教えてしまっては、周囲と同じように規則正しく行動できない子が、一方的に追い詰められてしまわないか」心配は募る一方だと言う。「教材がいじめを誘発する内容になってしまっている。互いの違いを認めて助け合うことを学ぶことこそが大事なのではないか」と懸念を示した。この母親の懸念こそが、道徳科の問題の本質を明らかにしている。

るっぺは誰にとって困った子どもなのか、〝るっぺのようにならないようにするために〟という話し合いは「るっぺのような子ども（他者）はいないほうがいい」ということなのではないか。それは、相模原市の障害者施設「津久井やまゆり園」で入所者一九人が殺害された事件における容疑者の「(役に立たない)障害者はいなくなればいい」という邪悪な理屈とどこが違うのだろうか。

「道徳性とは何か」「道徳的に生きるとはどういうことか」。私たちは生涯を通してそれが何であるか問い続ける。それが国家によって、一定の「正しい」答えが用意されていることの問題を指摘し続けたい。そしてそのためにも、本書で提起してきた内容についても、決して鵜呑みにせず、いま一度自分の頭でそれこそ批判的に考えてほしい。安保法案に反対する学生グループ「SEALDs」の中心メンバー・奥田愛基《あき》(当時・明治学院大四年)は二〇一五年九月一五日、法案を審議している参議院特別委員会の公聴会に出席し、意見を述べた[*2]。

> どうかどうか、政治家の先生たちも、個人でいてください。政治家である前に、派閥に属する前に、グループに属する前に、たった一人の個であってください。自分の信じる正しさに向かい、勇気を出して孤独に思考し、判断し、行動してください。みなさんには一人ひとり考える力があります。権利があります。
>
> 政治家になった動機は人それぞれ、さまざまあるでしょうが、どうか、政治家とはどうあるべきなのかを考え、この国の民の意見を聞いてください。勇気を振り絞り、ある種の賭けかもしれない、あなたにしかできない、その尊い行動を取ってください。日本国憲法はそれを保障し、何より日本国に生きる民、一人ひとり、そして私は、そのことを支持します。
>
> 困難な時代にこそ希望があることを信じて、私は自由で民主的な社会を望み、この安全保障関連法案

に反対します。(傍点筆者)

奥田は「孤独に思考し、判断する」ことを主張した。これは、流されることなく自分の頭でものごとを確かめ、考えることの重要性を指摘したものである。もちろん、この場合の孤独な思考とは孤立を指すものではない。異なる意見の他者も含め、自分の周囲の人たちと対話し、協業して判断するプロセスを指すものだろう。私たちに問われているのはそういうことだ。

「命と言うのは、与えられた時間のこと」(日野原重明、二〇一七年没)である。私たちはその限られた時間の中で、その時間をどう使い、どう生きるか、子どもたちとずっと考え続けたいと思う。

こうしたことを考える時に、私には必ずと言っていいほど思い出す人がいる。元自衛官の泥憲和さんだ。彼は安保法制に反対し、全国各地を駆け回った市井の平和活動家である。[*3] ヘイトスピーチという言葉がまだ知られていない時、差別街宣をするレイシスト(差別主義者)にたった一人で彼は抗議した。「君たちは決して愛国者ではない」「差別をやめて帰れ」、時にトラメガで激しく話しかけ、時に粘り強い対話を試み、時にSNSで議論をたたかわせた。泥さんは、二〇一七年五月三日(憲法記念日)の朝、悪性リンパ腫のため多くの人に惜しまれ天に旅立った。余命半年と医者から告げられてから三年余りも全国各地を駆け回り、あらゆる場面で、平和と民主主義の大切さを訴え続けた。「道徳的に生きるとはどういうことか」「道徳教育とは平和教育そのもの」それを何度も現場で教えてくれた泥憲和さんに本書を捧ぐ。[*4]

泥 憲和氏

【参考】
道徳科の実践資料として
森田ゆり（二〇〇九）『多様性トレーニングガイド』解放出版社
グラハム・パイク、ディヴッド・セルビー共著　中川喜代子監修　平岡昌樹訳（一九九三）『ヒューマン・ライツ―楽しい活動事例集―』明石書店
開発教育セミナー編（一九九五）『新しい開発教育のすすめ方　地球市民を育てる現場から』古今書院
グラハム・パイク、ディヴッド・セルビー共著　中川喜代子監修　阿久澤麻理子訳（一九九七）『地球市民を育む教育』明石書店
藤田千枝編（二〇〇四）くらべてわかる世界地図シリーズ『1　暴力の世界地図』『2　学校の世界地図』『3　ジェンダーの世界地図』大月書店
木附千晶、福田雅章文　森野さかな絵（二〇一〇）『「子どもの権利条約」絵辞典』ＰＨＰ研究所
道徳科の中で「子どもたちと読み合いたい絵本」
『あっ、オオカミだ！』ステファニー・ブレイク作　ふしみみさを訳　あすなろ書房　二〇一三
『どんなかんじかなあ』中山千夏ぶん　和田誠え　自由国民社　二〇〇五
『ともだち』谷川俊太郎文　和田誠絵　玉川大学出版部　二〇〇二
『オニじゃないよおにぎりだよ』シゲタサヤカ　えほんの社　二〇一二
『気持ちの本』森田ゆり　童話館出版　二〇〇三
『わたしのせいじゃない　―せきにんについて―』レイフ・クリスチャンソン文　ディック・スランベリ絵　二文字理明訳　岩崎書店　二〇一七
『けんかのきもち』柴田愛子作　伊藤秀男絵　ポプラ社　二〇〇二

＊1　【カナロコ　神奈川新聞ニュース】http://www.kanaloco.jp/article/264641
（配信日：二〇一七年七月一五日／二〇一七年七月二三日閲覧）
＊2　【弁護士ドットコム】https://www.bengo4.com/internet/n_3690/（二〇一七年八月二九日閲覧）
＊3　泥憲和（二〇一四）『安倍首相から「日本」を取り戻せ!!　護憲派・泥の軍事政治戦略』かもがわ出版
＊4　【泥憲和プロフィール（凡どどラジオ辞典）】http://radiobondoodle.tumblr.com/post/88373244083/
【泥憲和全集――「行動する思想」の記録 Norikazu Doro's Living Archive】http://doro-project.net/

本書は、星槎大学大学院教育学研究科修士論文（二〇一六年七月）「特別の教科　道徳」の背景と問題点―実践的観点からの批判と考察―を元に大幅に加筆修正を加えたものである。

論文主査・天野一哉先生にこの場を借りて感謝申し上げる。

引用・参考文献

天野一哉（二〇一三）『中国はなぜ「学力世界一」になれたのか』中公新書ラクレ、p.182・p163・p.167-177

天羽優子・菊池誠・田崎晴明（二〇一一）「『水からの伝言』をめぐって」、『日本物理学会誌』Vol.66 No.5 掲載

池谷壽夫（二〇一六）「『脆弱性（Vulnerability）』とは何か」、『哲学と現代』三一号掲載、名古屋哲学研究会、p.57-74

伊田広之（二〇一六）「家族についての教育、再考」、『季刊セクシュアリティ』No.76 掲載、エイデル研究所、p.32

伊藤啓一（二〇一一）「『修身』と戦後の『道徳教育』」、『大阪観光大学紀要』第一一号所収

伊藤哲司（二〇〇五）『「心のノート」逆活用術』高文研、p.6・p9-10

岩崎久美子（二〇一一）「特集　教育研究におけるエビデンス」、『国立教育政策研究所紀要』第一四〇集収録、p.7

内田樹編・赤坂真理・小田嶋隆など（二〇一五）『日本の反知性主義』晶文堂、p.46

宇都宮健児（二〇一四）『自己責任論の嘘』ベスト新書、p.4・p.14

梅原利夫（二〇一〇）「学力と道徳性をともに育てる」学習討議資料、全日本教職員組合、p.21-23

エーリッヒ・フロム　作田啓一訳（一九七〇）『希望の革命』紀伊国屋出版、p.23-24

大内裕和（二〇一四）「討議　教育再生の『再生』のために」、『現代思想』Vol.42-6 掲載、青土社、p.44-45

大澤茉実（二〇一五）「SEALDs の周辺から　保守性の中の革新性」、『現代思想』一〇月臨時増刊号掲載、青土社、p.52-54

大平　勲（二〇一四）「揺れ動く中学生の内面に届くのか～『私たちの道徳』（中学校編）～」季刊『ひろば・京都の教育』第一七八号掲載

岡崎　勝（二〇一四）『俺のとは違うなぁ』学校に臨場すれば見える『アベ暴走教育改革』のアウト！」、『現代思想』Vol.42-6 掲載、青土社、p.91

岡野八代（二〇一六）「背景に国民生活より国家第一　立憲主義破壊と『政治改革』」二〇一六年四月五日しんぶん赤旗掲載

小川仁志（二〇一三）『「道徳」を疑え！』ＮＨＫ出版、p.84

小佐野正樹（二〇一七）「民主教育研究所学習会資料　二〇一七年五月一七日」

押谷由夫・柳沼良太編著（二〇一四）『道徳の時代をつくる！―道徳教科化への始動―』教育出版、p.7-9・p.3・p.25・p.20

小渕朝男（二〇一五）「子どもの人権と学級集団づくの展開」、『シリーズ教師の仕事①　生活指導とは何か』掲載、高文研、p.142-169・p.162-163

折出健二（二〇一五ａ）「教師のしごと、いま何を為すべきか」、『シリーズ教師の仕事仕事①　生活指導とは何か』掲載、高文研、p.180-184

折出健二（二〇一五ｂ）「戦後教育と道徳の『特別教科』化」日本教育方法学会編『教育方法』四四所収、図書文化、p.56-57・p.63-64

貝塚茂樹（二〇一五）『道徳教育の教科書』学術出版会、p.13

加藤やよひ（二〇一四）「『心の絆』東日本大震災埼玉県道徳資料『天使の声』から何が見えるか」、『さいたまの教育と文化』No.70 掲載、p.16-18

ガート・ビースタ　上野正道・中村清二訳（二〇一四）『民主主義を学習する：教育・生涯学習・シティズンシップ』勁草書房、p.1

管賀江留郎（二〇〇七）『戦前の少年犯罪』築地書館

岸見一郎・古賀史健（二〇一三）『嫌われる勇気―自己啓発の源流「アドラー」の教え』ダイヤモンド社、p.195-200

岸見一郎・古賀史健（二〇一六）『幸せになる勇気―自己啓発の源流「アドラー」の教えⅡ』ダイヤモンド社、p.32.- p.160

北野　武（二〇一五）『新しい道徳』幻冬舎、p.50-52・p.68-69・p.12-14

金　敬得（一九九五）『在日コリアンのアイデンティティと法的地位』明石書店

金　敬得（二〇〇五）『新版　在日コリアンのアイデンティティと法的地位』明石書店

金馬国晴（二〇一五）「道徳の『特別の教科』化と教科書分科会基調報告」民主教育研究所全国研究交流集会　エデュカス東京　二〇一五年一二月二七日

楠　凡之（二〇一五）「現代の子どもの抱える生きづらさと生活指導―個人指導と関係性の指導に焦点をあてて―、教師のしごと、いま何を為すべきか」、『シリーズ教師の仕事①　生活指導とは何か』掲載、高文研、p.23-25

久富善之・佐藤　博（二〇一二）『新採教師の死が遺したもの』高文研

河野哲也（二〇一一）『道徳を問い直す―リベラリズムと教育のゆくえ』ちくま書房、p.10-11・p.221・p.21-22・p.50-51

小林節・伊藤真（二〇一三）『自民党憲法改正草案にダメ出し食らわす！』合同出版、p.30-128

小森良夫（二〇〇三）『「ルールなき資本主義」との闘争―世界労働運動の軌跡と課題』新日本出版社

佐藤広美（二〇一〇）「なぜ『道徳と学力』を問うのか」学習討議資料、全日本教職員組合、p.4-6

佐藤　学（二〇一四）「討議　教育再生の『再生』のために」、『現代思想』Vol.42-6 掲載、p.44・p.45

佐藤嘉倫・吉田崇（二〇〇七）「貧困の世代間連鎖の実証研究―所得移動の観点から」、『日本労働研究』No.563 掲載、p.75-83

佐貫　浩（二〇一五）『道徳性の教育をどう進めるか―道徳の「教科化」批判―』新日本出版社、p.8・p.3-55・p.84・p.91・p.99-100

佐貫　浩（二〇一六）「いま道徳の教育をどう進めるか―教科としての『道徳』の実施の中で―」民主教育研究所　道徳部会検討資料、p.6

志位和夫（二〇一四）「憲法を破壊し、『海外で戦争する国』をめざす歴史的暴挙―集団的自衛権行使容認の『閣議決定』の撤回を求める」日本共産党幹部会委員長　志位和夫会見、二〇一四年七月一日　しんぶん赤旗掲載

汐見稔幸（二〇〇九）『親がキレない子育て』サンマーク文庫、p.16-17・p.22-23
汐見稔幸（二〇一三）「道徳教育を考える」二〇一三年九月二四日　西日本新聞・朝刊掲載
島崎　隆（二〇〇七）「『心理主義』の流行とカウンセリング・心理療法の是非をめぐる問題」、季報『唯物論研究』一〇〇号掲載、p.2-3・p. 8-9
白井　聡（二〇一六）『戦後政治を終わらせる　永続敗戦のその先へ』ＮＨＫ出版新書、p.180-211・p.30
J．デューイ（一九七五）『民主主義と教育』岩波文庫
ジョン・ロールズ（二〇一三）『正義論―改定版』紀伊国屋書店、p.5-65・p.672-760
城丸章夫（一九八一）『幼児の遊びと仕事』草土文化、p.13
城丸章夫（一九九三）「生活指導と人格形成」、『城丸章夫著作集第三巻』所収、青木書店、p.104・p.187-194
菅野　完（二〇一六）『日本会議の研究』扶桑社新書
杉山　春（二〇一三）『ネグレクト　育児放棄―真奈ちゃんはなぜ死んだか』小学館、p.16-48
高　史明（二〇一五）『レイシズムを解剖する　在日コリアンへの偏見とインターネット』勁草書房、p.7
高原史朗（二〇一六）「子どもとの対話思春期編①②」、埼玉県生活指導研究協議会編『教育実践のためのパンフレット To be a "true" Teacher』掲載、p.46-49
滝口正樹（二〇一〇）「『社会科と総合・特設「道徳」・学校行事をリンクさせた平和学習の実践』を」学習討議資料、全日本教職員組合、p.11-13
竹内常一・佐藤洋作（二〇一二）『教育と福祉の出会うところ』山吹書店、p.236
田代美江子（二〇一六）「『家族』を学ぶ　特集にあたって」、『季刊セクシュアリティ』No.76 掲載、エイデル研究所、p.4-5
田邊一馬（二〇一六）「『学級・学校に今こそ自治の力を』～話し合い・班・リーダーの指導を中心にすえて～」二〇一六年度埼玉県生活指導研究協議会基調提案、『二〇一六年埼生研大会研究紀要』所収

俵　義文・鶴田敦子・小佐野正樹・貝田　久・真田裕子・藤田昌司（二〇一四）『徹底批判!!「私たちの道徳」道徳の教科化でゆがめられる子どもたち』所収、第三章「安倍『教育再生』は『戦争する国』をねらう」合同出版、p.50-64・p. 80

鶴田敦子（二〇一四）『徹底批判!!「私たちの道徳」道徳の教科化でゆがめられる子どもたち』所収、第一章「『私たちの道徳』を読み解く」合同出版、p.12

照本祥敬（二〇一三）「『いじめ』問題と向き合うとは」、『生活指導』No.706 掲載、p.46-53

照本祥敬（二〇一六）「第五八回全国生活指導研究協議会長野大会基調素案『学校を子どもと教師と保護者が信頼し合える場へ～「チーム学校」を超える〈協働〉をつくる～』」二〇一六年五月七日、全国委員会協議会

藤　勝宣（二〇一五）「道徳の指導法に関する基礎的研究（その一）」、『九州国際大学教養研究』第二二巻第二号掲載

道徳教育をすすめる有識者の会編（二〇一二）『一三歳からの道徳教科書』育鵬社、まえがき・p.9

ドネラ・H・メドウズ　デニス・L・メドウズ　枝廣淳子（二〇〇五）『地球のなおし方　限界を超えた環境を危機から引き戻す知恵』ダイヤモンドグラフィック社、p.2-17

永井　均（一九九九）『子どものための哲学』講談社現代新書、p. 24-25

中島岳志・島薗　進（二〇一五）『愛国と信仰の構造―全体主義はよみがえるのか』集英社、p.172・p.108-109・p.30

パウロ・フレイレ　三砂ちずる訳（二〇一一）『新訳 被抑圧者の教育学』亜紀書房、p.85-86・p.99-102

ハタノ・テルミ・リリアン・馬渕　仁編著（二〇一一）『「多文化共生」は可能か―教育におる挑戦』所収、第七章「『共生』の裏に見えるもうひとつの『強制』」勁草書房、p.140-141

林田光弘（二〇一六）「わたしとあなたの未来」、『歴史地理教育』三月号　No.846 掲載

原田真知子（二〇一五）「『男は男、女は女、菌は菌』のクラスからの出発」、『生活指導』No.723 掲載、高文研、p.14-23

原田真知子（二〇一六）「『知るかボケ！　から始まって』」、『生活指導』No.726 掲載、高文研、p.14-15
藤井啓之（二〇一七）「《道徳教育》学試論―道徳教育の混乱を解きほぐし、道徳授業を豊穣化するために―」、『生活指導』No.733 掲載、高文研、p.66-67
藤田昌士（二〇一四）『徹底批判!!　「私たちの道徳」道徳の教科化でゆがめられる子どもたち』所収、第二章「私たちがめざす道徳教育と道徳の授業」合同出版、p.45
藤田孝典（二〇一五）『下流老人　一億総老後崩壊の衝撃』朝日新書　五二〇
藤田英典（二〇一四）『安倍「教育改革」はなぜ問題か』岩波書店、p. 4-7・p. 18-35
布施祐仁（二〇一五）『経済的徴兵制』集英社新書
保坂渉・池谷孝司（二〇一五）『子どもの貧困連鎖』新潮文庫
増山　均（二〇一四）『子どもの主食としての「あそび・遊び」子どもの権利条約第三一条と子どもの生活の見直し』子どもの権利・教育・文化全国センター、p.30-35
松下良平（二〇一一）『道徳教育はホントに道徳的か？「生きづらさ」の背景を探る』日本図書センター、p.155-167・p.71
松永栄二（二〇一七）「『生活のなかから　生きた道徳を』」、『道徳の教科化』を問う」、『日本生活指導研究所、研究紀要』二八集収録、p.52-56
松本伊智朗（二〇一四）「『貧困の世代的再生産』に関して学校の先生に考えてほしいこと」、『クレスコ』No.162 掲載、大月書店、p.33-34
松本伊智朗（二〇一三）「教育は子どもの貧困対策の切り札か？」、『貧困研究』Vol.11 掲載、p.4-9
三上　満（二〇一四）「教育は子どもの幸せのためにこそある―教育にこの座標軸を」、『子どもをみるまなざしを問い直す―学ぼう、使おう、子どもの権利条約』掲載、子どもの権利・教育・文化・全国センター、p26-28
三宅晶子（二〇〇四）『「心のノート」を考える』岩波ブックレット No.595　p.12・p.62
村山士郎（一九九八）「子どもは『悪』が大好き―逸脱行動に発達の転機が―」、『村山士郎教育論集Ⅰ子ども論・それでも子どもは未来志向』所収、本の泉社、p.83-95

森田ゆり（二〇〇七）『エンパワメントと人権〜こころの力のみなもとへ〜』解放出版社、p.18-22
安田浩一（二〇一四）『ネットと愛国　在特会の「闇」を追いかけて』講談社、p.93-143・p.51-92
山口智美（二〇一四）「右派系団体が展開する『草の根保守運動』戦略」、『週刊金曜日』二〇一四掲載、p.24-25
山崎英則・西村正登（二〇〇一）『道徳と心の教育』ミネルヴァ書房、p.51
山崎雅弘（二〇一五）『戦前回帰　「大日本病」の再発』学研、p. 6-8・p.227・p.209
山脇直司（二〇〇八）『公共哲学とは何か』ちくま新書、p. 16・p. 208-210
山脇直司（二〇一一）『公共哲学からの応答―三・一一の衝撃の後で』筑摩選書、p.22-26
吉田典裕（二〇一〇）「道徳教育をめぐる動きと教科書」学習討議資料、全日本教職員組合　p.19-20
世取山洋介（二〇一一）「国連子どもの権利委員会『第三回最終所見の生かし方』」、『子どもと教育・文化』道民の会、p.20-21
渡辺治（二〇一二）『渡辺治の政治学入門』新日本出版社、p. 194-199・p. 198
渡部昇一監修（二〇一二）『国民の修身』産経新聞出版、p.19
渡辺雅之（二〇一三）「楽しく教師を続けるために〜教育の『希望』を問う〜」二〇一三年　第四四回埼生研大会　基調提案
渡辺雅之（二〇一四）『いじめ・レイシズムを乗り越える「道徳」教育』高文研、p.63・p.103-106・p.67-69・p.65・p.88-92・p.82-85
渡辺雅之（二〇一五）「私たちの道徳を脱構築する」、『生活指導』No.722 掲載、高文研、p.50-51
渡辺雅之（二〇一六）「子どもの発達と社会的関係性に関する考察―内的可能性とその発現を重視する立場から―」、『大東文化大学　教育学研究紀要』第七号所収
渡辺雅之（二〇一六a）「学校内外における多文化共生に関する考察―Diversity（多様性）実現に向けての教育的諸課題―」、『関係性の教育学会―ＥＰＡジャーナル』Vol.15 掲載
渡辺雅之（二〇一六b）「どうする『道徳』の授業」、埼玉県生活指導研究協議会編『教育実践のためのパンフレット To be a "true" Teacher』掲載、p.16-17

渡辺雅之（二〇一六c）「コラム：多様な子どもと響き合う」、埼玉県生活指導研究協議会編『教育実践のためのパンフレット To be a "true" Teacher』掲載、p.38-39

ウェブサイト

押谷由夫【押谷由夫研究所】道徳の教科化に対する基本的考え方と道徳教育充実への展望
菊池　誠【『水からの伝言』をめぐって】
菅野　完【ハーバー・ビジネス・オンライン】日本会議は何を目指すのか？　―シリーズ「草の根保守の蠢動 第二回」
藤井啓之【藤井啓之ハイパー研究室本館】道徳の教科化は道徳の劣化を招く（二〇一三年四月一九日）
松岡正剛【千夜千冊】九六二夜「ヴィクトル・ユゴー　レ・ミゼラブル」全四冊

渡辺雅之
大東文化大教職課程センター准教授
全国生活指導研究協議会（研究全国委員）
民主教育研究所（道徳部会委員）
福島県生まれ
埼玉県で中学校教師として二二年間勤務。いじめ非行問題などに取り組み、3年B組金八先生（第四シリーズ）にいじめを取り上げた実践がドラマ化される。現在は大学で教員を目指す学生たちの指導にあたっている。専門は「生活指導」「道徳教育」「多文化共生教育」など。反差別カウンターや国会前抗議アクションなど路上に出る研究者でもある。
主な著書に『いじめ・レイシズムを乗り越える「道徳」教育』（高文研）、共著書に『どうなってるんだろう？　子どもの法律』（高文研）、『ヒューマンライツ　人権を巡る旅』（ころから）がある。

「道徳教育」のベクトルを変える
――その理論と指導法

●二〇一八年四月二五日　第一刷発行

著　者――渡辺雅之
発行所――株式会社 高文研
東京都千代田区猿楽町二―一―八
三恵ビル（〒一〇一―〇〇六四）
電話 03-3295-3415
http://www.koubunken.co.jp
印刷・製本―モリモト印刷 株式会社

★乱丁・落丁本は送料当社負担にてお取替えいたします。

本文レイアウト　細川佳

ISBN978-4-87498-648-6 C0037